文明的足迹

——图说全新世界遗产和著名世界遗产铁路

亢 宾 著

中国铁道出版社有限公司
CHINA RAILWAY PUBLISHING HOUSE CO., LTD.

图书在版编目（CIP）数据

文明的足迹：图说全新世界遗产和著名世界遗产铁路 / 亢宾著. — 北京：中国铁道出版社有限公司，2022.4

ISBN 978-7-113-28853-2

Ⅰ. ①文… Ⅱ. ①亢… Ⅲ. ①铁路运输－文化遗产－中国－普及读物 Ⅳ. ① F532.9-49

中国版本图书馆 CIP 数据核字（2022）第 021589 号

书　　名：文明的足迹——图说全新世界遗产和著名世界遗产铁路
作　　者：亢　宾

责任编辑：许士杰　　**编辑部电话：**(010) 51873204　　**电子邮箱：**syxu99@163.com
编辑助理：魏　明
封面设计：崔丽芳
责任校对：孙　玫
责任印制：赵星辰

出版发行：中国铁道出版社有限公司（100054，北京市西城区右安门西街 8 号）
网　　址：http://www.tdpress.com
印　　刷：国铁印务有限公司
版　　次：2022 年 4 月第 1 版　2022 年 4 月第 1 次印刷
开　　本：710 mm×1 000 mm 1/16　**印张：**8.75　**字数：**216 千字
书　　号：ISBN 978-7-113-28853-2
定　　价：59.80 元

前言

世界遗产大家庭中的每一处遗产，就是一处文明的足迹。当人们置身于文化或自然遗产的氛围中，将会被它们厚重的底蕴和深邃的意境深深吸引。多年来，我国在保护文化遗产进程中，以“守护世界遗产瑰宝，推动文明交流互鉴”为宗旨，加速推进文化遗产保护和研究工作。2014 年 3 月 27 日，中国国家主席习近平在巴黎联合国教科文组织总部发表的演讲中指出，文明因交流而多彩，文明因互鉴而丰富。文明交流互鉴，是推动人类文明进步和世界和平发展的重要动力。

本书以在中国福州承办的第 44 届世界遗产大会（下称世遗大会）为主要内容，以图说形式介绍全新世界遗产和著名世界遗产铁路。

2021 年 7 月，中国国家主席习近平在致第 44 届世界遗产大会的贺信中指出，世界文化和自然遗产是人类文明发展和自然演进的重要成果，也是促进不同文明交流互鉴的重要载体。保护好、传承好、利用好这些宝贵财富，是我们的共同责任，是人类文明赓续和世界可持续发展的必然要求。这届世遗大会提出了一系列新共识和新倡议，一致通过了《福州宣言》，重申了世界遗产保护和开展国际合作的重要意义，以及携手努力、共同行动来应对气候变化的必要性。

1. 文化遗产概念的由来

1954 年 5 月 14 日，联合国教科文组织在荷兰海牙通过了《关于发生武装冲突时保护文化财产的公约》及其《议定书》和《实施条例》三份国际文件。该《公约》指出：“深信属于任何人民的文化财产如遭受到损失，也就是全人类文化遗产所遭受的损失，因为每国人民对世界文化作出其自己的贡献；考虑到文化遗产的保存对世界各国人民都非常重要，因此文化遗产必须获得国际性的保护。”这是首次在国际公约中正式使用“全人类文化遗产”概念。

1999年10月25日至31日，九届人大常委会第十二次会议决定，中华人民共和国加入上述公约。

2. 什么是世界遗产

世界遗产是指被联合国教科文组织和世界遗产委员会确认的人类罕有的、无法替代的财富，是全人类公认的具有突出意义和普遍价值的文物古迹和自然景观。

世界遗产包括世界文化遗产（包含文化景观）、世界自然遗产、世界文化和自然双重遗产三类。广义概念，根据遗产的形态和性质，世界遗产分为物质文化遗产和非物质文化遗产。

3. 什么是铁路文化遗产

铁路文化遗产是指“具有线性特征或文化线路特征，在陆路铺设的人工道路所形成的遗产”。此概念包括两方面含义：

（1）铁路文化遗产具有线性特征或文化线路特征；

（2）铁路文化遗产不是自然形成的而是经人工铺设后形成的。

世界遗产领域最初并没有文化线路遗产，文化线路是近年来世界遗产领域出现的一种新型的遗产类型。1995年联合国教科文组织世遗委员会在《实施保护世界文化和自然遗产公约的操作指南》中，将运河等水路系统确认为一种遗产的构成类型，并把这类遗产定义为“人工水道”。1998年，国际古迹遗址理事会成立了文化线路科学委员会，标志着以交流和对话为特征的跨国家或跨地区的文化线路作为新型遗产理念，得到国际文化遗产界的认同。2003年3月，世遗委员会委托国际古迹遗址理事会修订《操作指南》时，增加了文化线路的内容。2005年10月，国际古迹遗址理事会第15届大会暨科学研讨会在中国西安召开，将文化线路列为会议的四大专题之一，并形成了国际文化遗产保护领域的共识性文件《西安宣言》。会议还通过了《文化线路宪章（草案）》决议。2008 年 10 月，国际古迹遗址理事会第十六届大会在加拿大魁北克城正式通过了《关于文化线路的国际古迹遗址理事会宪章》，即《文化线路宪章》，由此，文化线路正式成为世界遗产保护的前沿概念和新领域。像塞默灵铁路、大吉岭—喜马拉雅铁路等具有线性特征或文化线路特征的遗产，已成为《世界遗产名录》的一员。

目前，我国文化线路线遗产中虽暂时还没有铁路，但万里长城、京杭大运河、丝绸之路“长安—天山廊道”等都已成为世界遗产。

英国著名作家、记者比尔·劳斯在他所著的《改变历史的 50 条铁路》一书中，用专章介绍了印度的大吉岭—喜马拉雅、卡尔卡—西姆拉、尼尔吉里 3 条山区铁路和贾特拉帕蒂·希瓦吉车站以及奥地利的塞默灵铁路，向人们展现了全球 50 条知名铁路的建设与发展。包括：世界上第一条商业运营的斯托克顿至达林顿铁路；世界首条在大城市利物浦至曼彻斯特之间的铁路，这条铁路不仅开创了双线铁路的先河，还首创了铁路列车靠线路左侧行驶的先例，并最终被世界大多数国家所采用；美国早期的巴尔的摩至俄亥俄铁路和南卡罗来纳州的奥古斯塔至查尔顿铁路；比利时早期的布鲁塞尔至麦赫连铁路；德国早期的纽伦堡至福尔特铁路；法国早期的巴黎至勒佩克铁路等。该书还介绍了由中国工程师詹天佑设计建造的京张铁路，并称颂了这条铁路所发挥的重要作用。

另一位英国铁路历史学家、知名记者和时事评论员克里斯蒂安·沃尔玛尔在他所著的《铁路改变世界》一书中提到中国早期的吴淞铁路和唐胥铁路时说道，中国曾拒绝外国人投资他们的铁路建设，导致铁路发展十分缓慢。唐胥铁路于 1881 年建成后接下来的 10 年间，铁路里程却鲜有进展，至 1895 年，年均仅增加约 18 英里（约 28.98 千米）。

2021 年 8 月 25 日，联合国邮政局发行了《2021 世界遗产——桥梁、运河、铁路》6 枚一套的邮票。邮票内容涉及苏格兰的福斯桥、波黑的莫斯塔尔老桥、加拿大的里多运河、中国的京杭大运河、印度的大吉岭铁路以及瑞士、意大利共有的阿尔布拉—贝尔尼纳铁路。自 1997 年起，联合国邮政局就开始发行《世界遗产》系列邮票，这已成为联合国邮政局的惯例。

作为铁路文化遗产保护工作者、理论研究者，这是我首次撰写全新世界遗产和著名世界遗产铁路的内容。虽然我在2014年4月出版的《凝固的历史　永恒的遗存》一书中，曾对一些著名世界遗产铁路作了简单的一般性介绍，但当时限于书籍篇幅，对这些铁路没做详尽解读。现借本书出版之际，对著名世界遗产铁路做详细介绍。

本书共八章，其中安排三章介绍著名世界遗产铁路，另安排一章讲述世遗铁路项目对我国铁路申遗的启示，其余四章介绍全新世界遗产。读者从书中可以体会人类智慧的伟大创举所留下的文明足迹，领略鬼斧神工的自然遗产。好啦，不多说了，来看看书中有什么吸引你的内容吧。

目录

第一章

非常值得一谈的第 44 届世界遗产大会

世界遗产大会是指联合国教科文组织下属的世遗委员会定期召开的会议。从1977年在法国巴黎联合国教科文组织总部召开第一届世遗大会开始，到2021年7月在中国福建省福州市召开的最新一届世遗大会，联合国教科文组织已召开了44届世遗大会。世遗大会的议题是审议和批准缔约国申报的文化或自然遗产能否成为世界遗产并进入《世界遗产名录》，并对已进入《世界遗产名录》的各缔约国的遗产保护状况进行监督指导。

作为联合国教科文组织下属的世界遗产委员会（下称世遗委员会）承担的主要任务有：

1. 在遴选缔约国提交的文化或自然遗产能否成为世界遗产时，负责对遗产审查、定义和解释。在审查时，会得到国际古迹遗址理事会、世界自然保护联盟、国际工业遗产保护委员会等专业咨询机构的帮助。这些咨询机构会仔细审查缔约国的遗产提名并写出评估报告。另外，国际文化财产保护与修复研究中心也会对世遗委员会提出的文化遗产培训和文化财产保护技术等问题给出咨询意见。
2. 审查各缔约国世界遗产保护状况报告。当遗产没有得到有效保护时，会要求缔约国采取特别措施，以确保遗产的安全。
3. 世遗委员会经过与缔约国协商后会作出把濒危的世界遗产列入《濒危世界遗产名录》的决定。
4. 管理世界遗产基金。对为保护世界遗产而申请援助的国家提供技术和财力上的援助。

第一节　中国承办过几届世遗大会

到目前为止，中国已成功承办两届世遗大会。第一次是2004年，在江苏省苏州市承办的第28届世界遗产大会，这届世遗大会从6月28日开始至7月7日结束，会期10天。在这届世遗大会上有34项文化和自然遗产进入《世界遗产名录》，其中有5个国家的世界遗产首次进入《世界遗产名录》，另外，6个现有遗产地的扩展项目被批准为世界遗产。新遗产地的入选使得《世界遗产名录》更加丰富多样。这次世遗大会的另一项重要成果是，对2000年在澳大利亚凯恩斯召开的第24届世遗大会上通过的《凯恩斯决议》做出重要修改。这次修改是指从2006年起，《保护世界文化和自然遗产公约》的缔约国每年申报的世界遗产项目从每年一项修改为每年最多两项，但其中至少包括一项自然遗产提名。这届世遗大会在向增强《世界遗产名录》的平衡性、代表性、可信性方面迈出重要的一步。在这届世遗大会上，中国申报的“良渚古城遗址”，被大会批准为世界文化遗产并列入《世界遗产名录》。在苏州召开的第28届世遗大会促进了中国社会对于世界遗产保护意义的认知和理解，有力地推动了中国在文化遗产保护方面的进程。

时隔17年后的2021年7月，福建省福州市再次承办的第44届世界遗产大会。这届世遗大会共审议了 36 项新的遗产提名，其中 34 项申报项目获准列入《世界遗产名录》，其中包括 29 项文化遗产、5 项自然遗产。按照地区分布，亚太地区有 9 项，欧洲有 17 项，非洲有 2 项，阿拉伯国家有 2 项，南美及加勒比地区有 4 项，其中，欧洲的世界遗产数量占比达到本届会议审议通过数量的一半。欧洲国家中，德国新增 5 项（其中 3 项与其他国家联合申报）、法国新增 4 项（其中 2 项与其他国家联合申报）、意大利新增 3 项（其中 2 项与其他国家联合申报）。新增加 2 项遗产的国家还有日本、印度、伊朗、捷克（1 项与其他国家联合申报，1 项为扩展项目）、荷兰（与其他国家联合申报）、比利时（与其他国家联合申报）等国。需要说明的是，英国虽然也增加了 2 项世界遗产，但因该国的“利物浦海事商城”被从《世界遗产名录》中除名，所以英国实际上只新增一项。至此，全球世界遗产总数增加至 1 154 项，分布在 167 个国家和地区，其中文化遗产 897 项，自然遗产 218 项，混合遗产 39 项。如此之多的世界遗产，犹如百花园中绽放的各色花卉，形态各异、颜色繁多，让人目不暇接。

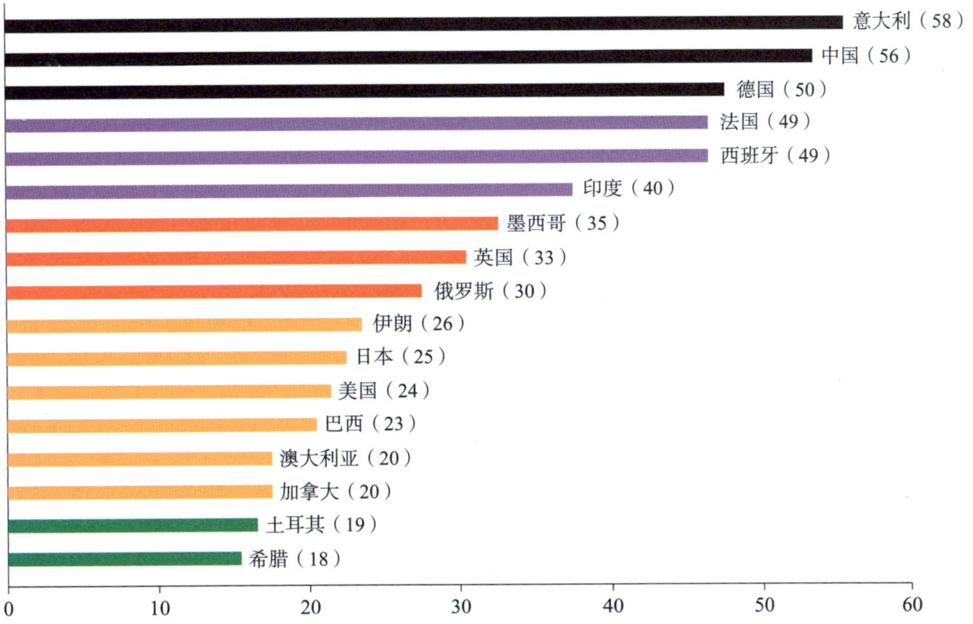

⊙ 截至 2021 年 7 月世界遗产拥有量国家排名示意图

中国在 1985 年加入《保护世界文化和自然遗产公约》（以下简称《世遗公约》）。同年 11 月 22 日，中国批准联合国教科文组织于 1972 年 11 月 16 日在法国巴黎通过的《保护世界文化和自然遗产公约》。自加入《世遗公约》以来，中国的世界文化遗产和自然遗产事业从无到有、从少到多。以自然遗产为例，中国现有14项世界自然遗产，4项文化与自然双重遗产，位列世界第一。作为《世遗公约》的缔约国，中国积极履行国际义务，认真践行保护世界文化遗产和自然遗产的责任。对国内的世界遗产进行了有效保护。截至2021年7月底，第44届世遗大会闭幕后，各国的世界遗产排名发生了变化。意大利拥有58项世界遗产排名第一，中国拥有56项世界遗产排名第二，德国新增多个世界遗产项目后，成为继意大利和中国之后第三个拥有世界遗产数量达到50项的国家，排名升至世界第三。

第二节　中国的申遗项目备受关注

在第44届世遗大会上，备受人们关注的中国提名遗产项目“泉州：宋元中国的世界海洋商贸中心”依据文化遗产第（Ⅳ）项遴选标准，顺利通过世遗委员会的审议，被批准为世界遗产并列入《世界遗产名录》。“泉州：宋元中国的世界海洋商贸中心”文化遗产包含22处承载着关键价值特征的代表性古迹遗址，包括：九日山祈风石刻、市舶司遗址、德济门遗址、天后宫、真武庙、南外宗正司遗址、泉州府文庙、开元寺、老君岩造像、清净寺、伊斯兰教圣墓、草庵摩尼光佛造像、磁灶窑址、德化窑址、安溪青阳下草埔冶铁遗址、洛阳桥、安平桥、顺济桥遗址、江口码头、石湖码头、六胜塔、万寿塔。这些文化遗产凭借极富特色的海外贸易体系与多元社会结构以及与东亚和东南亚经济文化的密切交往，弥补了世界文化遗产中东方海洋文明的空白。泉州作为宋元时期中国与世界文明的对话窗口，展现了完备的制度体系、发达的经济水平、包容的文化态度，泉州这座城市，无论在地理上还是文化上，它都背靠内陆，面向海洋。从这个角度观察，泉州申遗的意义远不限于一座城市，也不限于一个区域。泉州无论在过去曾作为沟通东西方的港口，还是在今天作为人类文化遗产地，都具有很明显的世界性。宋元时期，泉州一度成为世界第一大港。泉州是联合国唯一认定的海上丝绸之路起点，列入“一带一路”倡议的21世纪海上丝绸之路先行区。

在“泉州：宋元中国的世界海洋商贸中心”文化遗产中，当属建于南宋绍兴八年（公元1138年）架设在福建晋江安海镇与南安水头镇之间全长2 255米的安平桥最具代表性。它是世界上现存最长的古代石梁桥，也是中国现存最长的海港石桥。这座桥的东、中、西端各建有多座附属建筑，如东端建有瑞光塔、桥头亭，中端建有水心亭，西端建有海潮庵。该桥的建造体现了宋元时期泉州多元社会结构对海洋贸易的贡献，反映了海洋贸易给泉州社会带来的经济繁荣和财富积累。安平桥于 1961 年成为首批全国重点文物保护单位。“泉州：宋元中国的世界海洋商贸中心”成为世界遗产后，中国已有 29 个省、自治区、直辖市和特别行政区拥有世界遗产。

⊙ 泉州宋元文化遗产分布示意图

⊙ 九日山祈风石刻

⊙ 市舶司遗址

⊙ 德济门遗址

⊙ 真武庙大门

⊙ 天后宫大殿

⊙ 南外宗正司遗址

⊙ 泉州府文庙牌楼

⊙ 老君岩造像

⊙ 清净寺遗址全貌

⊙ 中国现存最长的石梁桥——安平桥

⊙ 德化窑遗址

⊙ 顺济桥遗址

⊙ 江口码头

⊙ 安溪青阳下草埔冶铁遗址

⊙ 泉州六圣塔

在 2021 年 7 月 28 日举行的第 44 届世遗大会上，通过了对现有世界遗产地提出保护区划边界的微小调整。这一微小调整是指与重大调整有所区别，微小调整作为世遗大会审议事项，不受缔约国申报新项目的名额限制。在批准通过的区划微小调整中，本届世遗大会对中国神农架遗产区进行了微调，这一微小调整使重庆市巫山县的五里坡自然保护区成功划入神农架的自然遗产区范围，成为世界自然遗产“湖北神农架”的组成部分。这一做法传递了中国不断加强对世界文化和自然遗产的保护力度，践行中国作为负责任的《世遗公约》缔约国的有力信息。原定于 2021 年审议中国提交的申遗项目“巴丹吉林沙漠——沙山湖泊群”，因受新冠肺炎疫情影响，无法完成项目评估，大会决定将该项目推迟审议。

第 44 届世界遗产大会原定于 2020 年 6 月 29 日至 7 月 9 日在中国的福州举行，但因受到新冠肺炎疫情的影响，推迟到 2021 年 7 月举行。这届大会审议缔约国在 2020 年和 2021 两年提交的申遗项目。下表所列为历届世界遗产大会情况。

历届世界遗产大会召开情况（截至 2021 年）

会议界别	召开年份	大会举行日期	承办城市	所在国家
第 1 届	1977 年	6 月 27 至 7 月 1 日	巴黎 （联合国教科文组织总部）	法国
第 2 届	1978 年	5 月 7 日至 9 日	华盛顿	美国
第 3 届	1979 年	10 月 22 日至 26 日	卢克索	埃及
第 4 届	1980 年	9 月 1 日至 5 日	巴黎	法国
第 5 届	1981 年	10 月 26 日至 30 日	悉尼	澳大利亚
第 6 届	1982 年	12 月 30 日至 17 日	巴黎 （联合国教科文组织总部）	法国
第 7 届	1983 年	12 月 5 日至 9 日	佛罗伦萨	意大利
第 8 届	1984 年	10 月 29 日至 11 月 2 日	布宜诺斯艾利斯	阿根廷
第 9 届	1985 年	12 月 2 日至 6 日	巴黎 （联合国教科文组织总部）	法国

续上表

会议界别	召开年份	大会举行日期	承办城市	所在国家
第 10 届	1986 年	11 月 24 日至 28 日	巴黎（联合国教科文组织总部）	法国
第 11 届	1987 年	12 月 7 日至 11 日	巴黎（联合国教科文组织总部）	法国
第 12 届	1988 年	12 月 5 日至 9 日	巴西利亚	巴西
第 13 届	1989 年	12 月 11 日至 15 日	巴黎（联合国教科文组织总部）	法国
第 14 届	1990 年	12 月 7 日至 12 日	班夫	加拿大
第 15 届	1991 年	12 月 9 日至 13 日	迦太基	突尼斯
第 16 届	1992 年	12 月 7 日至 14 日	圣达菲	美国
第 17 届	1993 年	12 月 6 日至 11 日	卡塔赫纳	哥伦比亚
第 18 届	1994 年	12 月 12 日至 17 日	普吉岛	泰国
第 19 届	1995 年	12 月 4 日至 9 日	柏林	德国
第 20 届	1996 年	12 月 2 日至 7 日	梅里达	墨西哥
第 21 届	1997 年	12 月 1 日至 6 日	那不勒斯	意大利
第 22 届	1998 年	11 月 30 日至 12 月 5 日	东京	日本
第 23 届	1999 年	11 月 29 日至 12 月 4 日	马喀拉什	摩洛哥
第 24 届	2000 年	11 月 27 日至 12 月 2 日	凯恩斯	澳大利亚
第 25 届	2001 年	12 月 11 日至 16 日	赫尔辛基	芬兰
第 26 届	2002 年	6 月 24 日至 29 日	布达佩斯	匈牙利

续上表

会议界别	召开年份	大会举行日期	承办城市	所在国家
第 27 届	2003 年	6 月 30 日至 7 月 5 日	巴黎 （联合国教科文组织总部）	法国
第 28 届	2004 年	6 月 28 日至 7 月 7 日	苏州	中国
第 29 届	2005 年	7 月 10 日至 16 日	德班	南非
第 30 届	2006 年	7 月 8 日至 16 日	维尔纽斯	立陶宛
第 31 届	2007 年	6 月 23 日至 7 月 3 日	基督城	新西兰
第 32 届	2008 年	7 月 2 日至 10 日	魁北克城	加拿大
第 33 届	2009 年	6 月 22 日至 7 月 1 日	塞维利亚	西班牙
第 34 届	2010 年	7 月 25 日至 8 月 3 日	巴西利亚	巴西
第 35 第	2011 年	6 月 19 日至 29 日	巴黎 （联合国教科文组织总部）	法国
第 36 届	2012 年	6 月 24 日至 7 月 6 日	圣彼得堡	俄罗斯
第 37 届	2013 年	6 月 16 至 27 日	金边和暹粒	柬埔寨
第 38 届	2014 年	6 月 10 日至 15 日	多哈	卡塔尔
第 39 届	2015 年	6 月 28 日至 7 月 8 日	波恩	德国
第 40 届	2016 年	7 月 10 日至 15 日	伊斯坦布尔	土耳其
第 41 届	2017 年	7 月 2 日至 12 日	克拉科夫	波兰
第 42 届	2018 年	6 月 24 日至 7 月 4 日	麦纳麦	巴林
第 43 届	2019 年	6 月 30 日至 7 月 10 日	巴库	阿塞拜疆
第 44 届	2021 年	7 月 16 日至 31 日	福州	中国

第三节　首次以线上形式召开的世遗大会

第 44 届世遗大会有五大看点：

（1）“数字世遗”40 多年来首次以在线形式审议；

（2）加长版世遗会议，15 天审议 303 个项目；

（3）泉州申遗项目再次上会审议；

（4）大堡礁列为“濒危世界遗产”；

（5）100 多个视频摄影作品展现中国福建文化魅力。

本次世遗大会期间共召开了 13 场边会，这是历届世遗大会中最多的一次。与会来宾和众多对这次世遗大会的关注者，借助 5G、云端、人工智能、VR 等技术，对缔约国提出的申遗项目进行审议，是“数字世遗”的最好体现，令人耳目一新。通过线上线下双线融合的展示展播增强了与会来宾的互动体验感。

⊙ 第 44 届世界遗产大会会场外景

⊙ 第 44 届世界遗产大会会场内景 1

⊙ 第 44 届世界遗产大会会场内景 2

福

中国 44th Session of the World Heritage Committee

FUZHOU, CHINA 2021

第44届世界遗产大会

⊙ 第 44 届世界遗产大会会标

本届世遗大会审议了 2020 年和 2021 年两个年度的世界遗产项目及遗产保护状况报告共 303 项，包括 45 项《世界遗产名录》待审项目和 258 项世界遗产保护状况报告。本届大会参与竞争的申遗项目，来自欧洲、亚太、非洲、拉美及加勒比地区等有关国家及地区。向世遗委员会提交的申遗项目如英国威尔士西北部的工业遗产板岩景观、日本北海道东北北部的绳纹遗址群、格鲁吉亚的科尔基斯雨林及湿地等。其中备受人们关注的是两个遗产大国——中国和意大利的申遗项目。

中国是世界遗产保护的自觉践行者，也是世界遗产全球合作的积极推动者。作为第 44 届世遗大会的东道主，福建省福州市向全球展示了八闽文化的绚烂多姿。本届大会践行创新、协调、绿色、开放、共享的新发展理念，本着对历史负责，对人民负责的精神，认真履行《公约》，不断提高遗产保护能力和水平。本届世遗大会在遗产项目申报改革方面也取得重要进展，从 2023 年 9 月开始，将启动预评估机制，该机制目的是让世遗大会能在遗产申报的早期就加强与评估咨询机构的联系与沟通。

第四节　世人瞩目的《福州宣言》

《福州宣言》于 2021 年 7 月 18 日，在第 44 届世遗大会上一致通过并得到了各个委员会的广泛认可和高度评价，大家普遍认为宣言非常平衡，极具包容性，具有里程碑意义。

《福州宣言》的核心要义如下：

（1）《福州宣言》指出，世界遗产作为文化瑰宝和自然珍宝，为促进文明交流互鉴和世界和平与可持续发展做出积极贡献，强调妥善应对各种传统和非传统挑战、保护世界遗产是全人类共同的责任。

（2）《福州宣言》呼吁，在多边主义框架内开展更密切的国际合作，加大对发展中国家特别是非洲和小岛屿发展中国家的支持，加强世界遗产教育、知识分享和新技术的使用。

（3）《福州宣言》重点关注新冠肺炎疫情对于世界遗产的影响，高度赞扬各缔约国为减轻疫情对全世界经济、社会、文化活动和应对世界遗产地关闭、游客数量锐减、部分遗产地维护和修复不及时以及遗产地管理者安全健康风险等新挑战对世界文化和自然遗产保护所带来严重影响的行动，认可联合国教科文组织等国际机构在其中发挥的重要作用。

（4）《福州宣言》要求进一步加强与文化和生物多样性相关公约之间的协同，采用综合性方法保护自然遗产和文化遗产地；并呼吁缔约国加强国际团结，通过促进形成人与自然新型关系来保护文化和自然遗产；呼吁国际社会更紧密合作，开展针对性研究和规划，推动实现遗产保护与可持续发展之间的平衡，同时秉持全人类共同价值，在全球多边主义框架内应对世界遗产面临的挑战，发现新机遇；敦促学术界、民间社团和社区更广泛地参与，大力加强遗产保护与社会经济发展活动之间的联系，以落实《2015 年世界遗产可持续发展政策》提出的使世界遗产保护惠及所有人的目标。

（5）《福州宣言》重申历届世遗大会宣言，重申 1972 年《公约》原则，呼吁世界遗产的突出普遍价值及其完整性和真实性免受任何影响；铭记并见证气候变化导致的极端天气、自然灾害和其他负面影响日益频繁，也进一步加剧了人口增长、快速城市化和城市发展规划不足等文化和自然遗产保护面临的其他长期挑战。

（6）《福州宣言》还邀请缔约国积极参与《世界遗产公约》50 周年庆祝活动，并以此为契机回顾历史、展望未来，以促进世界遗产保护，为后代维续一个开放、包容、能自我调适、可持续、有韧性和清洁美丽的世界。

第五节　世遗大会上的联合申遗项目

本届世遗大会有不少欧洲国家提交了联合申遗项目：

1. 比利时、荷兰提交的联合申遗项目是慈善会定居点。

是拿破仑战争后，荷兰联合王国（包括荷兰和比利时）已满目疮痍、百废待兴，大量居民流离失所。1818 年成立了旨在通过劳动来帮助人们改善贫困问题的慈善会。1819~1825 年，慈善会在荷兰和比利时的荒地上建立了 7 个农业定居点，通过垦荒来刺激农业生产，并使这些流离失所的人们掌握生存技能以自食其力。在鼎盛时期大约有 1.8 万人居住在这些定居点中。

2. 奥地利、比利时、捷克、法国、德国、意大利、英国提交的联合申遗项目是欧洲温泉疗养城镇。

该跨境遗产地包括 7 个欧洲国家的 11 个城镇，在本届世遗大会上，根据文化遗产遴选依据（Ⅱ）（Ⅲ），欧洲温泉疗养胜地被联合国教科文组织世界遗产委员会批准作为文化遗产列入《世界遗产名录》。

3. 德国、荷兰提交的联合申遗项目是罗马帝国的边界——下日耳曼界墙。

该遗产包括英国的哈德良长城、安东尼长城和德国的北日耳曼—雷蒂恩界墙，它们是罗马帝国扩张的历史见证。1987 年英国的哈德良长城作为文化遗产首先列入《世界遗产名录》，2005 年增扩了德国的北日耳曼—雷蒂恩界墙，2008 年增扩了英国安东尼长城。

世遗委员会对该遗产的评价，“罗马石灰墙”代表了公元 2 世纪罗马帝国疆域的边界线。它延伸超过 5 000 千米，跨越大西洋沿岸北部的英国、欧洲黑海，并从那里到红海和整个北非大西洋沿岸。现在还遗留有石灰组成的残余围墙、壕沟、炮台、碉堡、瞭望塔、平民定居点。某些部分的线路已经出土，有些经过重建，有的被毁。德国的这两个部分覆盖长度为 550 千米，从莱茵河上的波恩延伸到多瑙河上的雷根斯堡。英国118千米长的哈德良长城，是公元122年在哈德良皇帝的命令下建造的，是罗马帝国在不列颠省北部的边界。这是一个突出的例子，证明了古罗马的军事组织状况，并说明了防御技术和地缘政治战略。苏格兰的安东尼长城是一个长达60千米的防御工事，是公元142年由罗马帝国第15任皇帝安东尼·庇护为防御北部入侵而修建的，是其边界的最西北部分。下日耳曼界墙从德国的莱茵山地到荷兰的北海沿岸，它由莱茵河下游左岸约400千米沿线102个遗产点组成，是罗马帝国边境的一部分。该界墙是欧洲最长、最壮观的考古遗址，是古罗马人曾经的边防设施，从莱茵河到多瑙河广袤的土地上都留下了它的遗迹。

4. 奥地利、德国、斯洛伐克提交的联合申遗项目是罗马帝国的边界——多瑙河界墙（西段）。

罗马帝国的边界——多瑙河界墙西段，延展近600千米，构成了罗马帝国环绕地中海的巨大边界的一部分。公元83~260年间，罗马帝国在从莱茵河畔延伸至多瑙河之滨的广阔地带修建了一条长568千米的防御界墙，把帝国的疆土和未被征服的日耳曼部落分隔开来。2005年，位于德国境内的这条上日耳曼—雷蒂恩边墙（简称日耳曼边墙）被列入《世界遗产名录》，与英国的哈德良长城和苏格兰的安东尼长城一起代表着5 000千米罗马帝国边界，成为人类的共同遗产。

第二章

第 44 届世遗大会的主要亮点

第一节　文化景观方面收获颇丰

在第 44 届世遗大会上，有 7 处文化景观获准列入《世界遗产名录》。这 7 处景观包括亚太地区 1 处，即伊朗的豪拉曼 / 乌拉玛纳特文化景观；欧洲地区 4 处，即西班牙的普拉多大道和丽池公园——艺术与科学景观之地、英国威尔士西北部的板岩景观、比利时与荷兰共有的慈善会定居点、罗马尼亚罗西亚蒙大拿矿业景观；拉美及加勒比地区 2 处，即巴西的罗伯托・布雷・马克斯庄园和秘鲁的长基罗天文考古遗迹群。

文化景观概念是在 1992 年美国新墨西哥州圣菲召开第 16 届世遗大会时提出的。文化景观代表着《世遗公约》第一条所表述的"自然与人类的共同作品"。文化景观的选择应基于它们自身突出、普遍的价值，其明确划定的地理 / 文化区域的代表性及其体现此类区域的基本而具有独特文化因素的能力。它通常体现持久的土地使用的现代化技术及保持或提高景观的自然价值，保护文化景观有助于保护生物多样性。

一、伊朗的豪拉曼 / 乌拉玛纳特文化景观

豪拉曼 / 乌拉玛纳特文化景观地处伊朗西部边陲扎格罗斯山脉腹地的偏远山区，由两部分组成，即库尔德斯坦省的山谷中东部（扎韦鲁德和塔赫特）和克尔曼沙赫省的山谷西部（拉洪），覆盖了约 700 个村庄，村中居民已在这里居住了 4000 多年。随着岩洞、石器、土丘、穴居遗址、山谷古道、铭刻墓地、堡垒、定居点等考古发现，表明该地区的居住历史可追溯至 4.2 万年前。几千年来，生活在这片恶劣山地环境中的居民，逐渐适应了这里的生存环境，豪拉曼人随着季节变化在高山和低地之间过着半牧半农的田园生活。沿山坡阶梯而上的房屋建筑，干石梯田上的作物种植，山坡上的牲畜养殖，季节性迁徙是当地人文化和生活的显著特征。遗产地中的村落体现了豪拉曼人几千年来因适应山区生产用地的稀缺而作出的巨大努力。这一景观见证了豪拉曼人半牧半农生活方式数千年来的演变。该地区盛产石榴，每年 11 月是石榴丰收的季节，当地人会举行石榴节。每年 3 月的波斯新年，当地会举行传统的波斯新年把火节，这两项节日活动已成为伊朗的文化遗产。

⊙ 远眺豪拉曼 / 乌拉玛纳特文化景观

⊙ 建在山坡上的密集居所近景

⊙ 用片石搭建的居所

⊙ 狭窄的街巷

二、西班牙的普拉多大道和丽池公园——艺术与科学景观之地

普拉多大道位于西班牙首都马德里市，是一条南北向的道路，全长约 1.2 千米。北起西贝莱斯广场，南到马德里火车站前的查理五世广场，西班牙国庆阅兵大多在这里举行。同时，这里也是一条充满艺术气息的大道，拥有三座著名艺术场馆——普拉多艺术博物馆、蒂森—博内米萨博物馆、索菲亚王后艺术中心，收藏着毕加索、达利、塞尚、胡安·格里斯、弗朗西斯·培根等现代艺术大师的作品，被誉为马德里的“艺术金三角”。

第 44 届世遗大会将其列入“艺术与科学的景观之地”遗产类别。普拉多大道两侧长满了高大、葱郁的树木，是一条具有风情的林荫大道，周边有大型喷泉，尤以大地女神喷泉和海神喷泉最为著名。沿大道一路向南，会经过若干座博物馆，最后抵达皇家植物园。这座植物园是 1755 年西班牙国王斐迪南六世所建，占地约 8 公顷。园内各类植物众多，有 7 个主题花园、5 个植物大型温室，还有雕塑和纪念碑，是马德里重要的历史文化景点。

⊙ 普拉多大道旁的蒂森—博内米萨博物馆

⊙ 蓝天白云下的普拉多艺术博物馆

⊙ 索菲亚王后艺术中心

穿过普拉多大道，经过普拉多艺术博物馆就是丽池公园。它是马德里市中心最大的公园，也是马德里居民的后花园，该公园是建于 17 世纪的布恩·丽池宫遗址，重建后，从 1868 年起丽池公园重新开放，园内植被覆盖率很高，约有 1.5 万株植物。建有两个人工湖，被称为马德里城市之肺。遗产地内还包括皇家植物园和耶罗尼姆斯街区，此处有众多的 19~20 世纪建筑。公园设计精巧玲珑，美观细致，园内有精美的雕塑、纪念碑、人工湖、长廊等，适宜人们休闲娱乐、欣赏风景和享受阳光。

⊙ 普拉多大道旁的阿波罗喷泉

⊙ 普拉多大道旁的阿尔卡拉门

⊙ 人们在普拉多大道散步

⊙ 丽池公园的喷泉

⊙ 白天的丽池公园水晶宫

人工湖畔的水晶宫是丽池公园里最美的景致，其设计灵感来自伦敦海德公园的水晶宫。整座建筑在 1887 年竣工，建筑内现主要用于艺术展览。

⊙ 夜幕下的丽池公园水晶宫

⊙ 远眺丽池公园人工湖畔的阿方索十二世国王纪念碑

三、比利时与荷兰共有的慈善会定居点

该跨境遗产地包括四个定居点，其中一个位于比利时，三个在荷兰。它们共同见证了 19 世纪的一场社会改革实践活动，通过在偏远地区建立农业定居点来缓解城市的贫困问题。荷兰的弗雷德里柯索德成立于 1818 年，是最早的定居点，也是致力于在全国范围内减少贫困的“慈善会”的原总部所在地。该项目的其他几个遗产点是荷兰的威廉米瑙德、芬赫伊曾以及比利时的沃特尔。在 19 世纪的鼎盛时期，荷兰有超过 11 000 人生活在这样的定居点。在 1910 年，比利时定居点的人数达到 6 000 人的峰值。在 2021 年 7 月 24 日于福建福州举行的第 44 届世遗大会上，慈善定居点被世遗委员会批准为文化遗产，并列入《世界遗产名录》。由于定居点的小型农场收入不足，慈善会转而寻求其他收入来源，与政府签约来安置孤儿，随后又收容乞丐和流浪者，并因此创建了有大型宿舍和集体农场的“强制”定居点（如芬赫伊曾），使他们在警卫的监督下工作。这些定居点被规划成沿垂直道路分布的全景聚落，设有住宅楼、农舍、教堂和其他公共设施。

⊙ 俯瞰慈善定居点全貌

⊙ 慈善定居点中的建筑

⊙ 慈善定居点中的建筑

四、巴西的罗伯托·布雷·马克斯庄园

巴西的罗伯托·布雷·马克斯庄园最初是一处19世纪遗留的废弃农场，位于里约热内卢以西。巴西现代主义景观设计大师、艺术家、雕塑家和植物学家，罗伯托·布雷·马克斯在1949年将其购买，用了40多年对该庄园进行改造和建设，他不断尝试把现代主义艺术思想与本土植物相结合，打造了一个“活的艺术作品”景观实验室。罗伯托·布雷·马克斯庄园最终成为融住宅、植物园、工作室于一体的生动景观，展现了现代生态概念以及环境和文化保护为基础的社会协作成果。到20世纪60年代末，庄园已收集到有代表性的巴西本土及其他稀有热带和亚热带植物约3 500多种。走进庄园可看到弯曲的步道、茂盛的热带植被、符合规范的植物配置。园区内强烈的色彩对比、传统民俗文化元素的融入，使它成为首个列入《世界遗产名录》的现代人工热带园林景观。

⊙ 罗伯托·布雷·马克斯先生正在庄园内进行创作

⊙ 罗伯托·布雷·马克斯庄园中的热带植物

⊙ 庄园内带有拱门的建筑

⊙ 庄园内热带植物和建筑

⊙ 庄园内的教堂

⊙ 庄园内水面的王莲远景

⊙ 庄园内色彩对比强烈的小景

五、秘鲁的长基罗太阳天文台及仪式中心

秘鲁的长基罗太阳天文台及仪式中心是古老的史前遗址。位于秘鲁中北部海岸的卡斯马山谷，由沙漠中的一系列建筑组成。约建于公元前 250~200 年，但建造者是谁至今不得而知。建筑群包括：山上的一座有三层围墙的“设防神庙”山顶建筑群，两座被称为天文台和管理中心的建筑，十三座沿山脊排列的立方体塔状建筑。其中，塔状建筑与作为自然标记的穆乔马洛山互为补充。

⊙ 俯瞰长基罗太阳天文台及太阳祭祀仪式中心

长基罗太阳天文台及仪式中心的结构较为复杂，长期以来人们都搞不清天文台的结构，直到 2007 年科学家们利用计算机程序，才搞清楚它的真正用途。太阳天文台的十三座呈南北向排列的塔状建筑沿着山脊延伸了约 300 米。形成了一座令人难以置信的观测太阳运行轨迹的观测台。这些塔状建筑的高度为 1.8~6.1 米不等，彼此间距为 4.7~5.1 米。塔状建筑的墙壁上刻有令人印象深刻的装饰图案，而且每座塔状建筑的东西两侧都有一处太阳观测点，全年都可以观测太阳的升起和落下。每年当太阳按自己的轨迹运行时，太阳会在某个可以预见的时间从塔状建筑前升起或落下。当太阳从第一座塔状建筑的左侧出现，那天就是夏至日。若太阳出现在塔状建筑的中间，那天就是秋分日。当太阳出现在最后一座塔状建筑右侧时，则是冬至日。从各塔状建筑东西两处观测点观察，这些塔状建筑正好覆盖了太阳升降的运行弧度，由此给人们清晰的提示，表明它们是专门用来观察太阳升落的。

⊙ 太阳从 13 座塔状建筑中最左侧的一座建筑后面缓缓升起

⊙ 长基罗太阳祭祀仪式中心残存的围墙

⊙ 长基罗太阳天文台考古遗迹上呈一字排列的 13 座塔状建筑

这处天文遗址是南美及加勒比地区最古老的天文观测设施，而仪式中心则用于太阳崇拜，这组古老建筑群在有关太阳的祭祀活动中发挥过重要作用。该遗址展现了一项伟大创举，即利用太阳运行周期和人造水平仪来标记至点、二分点和一年中的其他重要日期，如夏至、冬至、春分、秋分等，误差约为 1~2 天，长基罗太阳天文台及仪式中心代表了卡斯马山谷古代天文学实践历史演变的顶峰。

第二节　体现出非洲优先原则

在第 44 届世遗大会上，非洲国家新增加两项世界遗产，这是对“非洲优先”全球事项的具体落实。据非洲世界遗产基金执行主任瓦里苏介绍，非洲现在仍有 12 个国家世界遗产数量为零，全球 53 处濒危世界遗产中有 22 处位于非洲。他呼吁加大对非洲世界遗产基金的资助力度，提升非洲世界遗产保护能力。本届遗产大会也在努力推动在政策制定、能力建设、国际援助和上游程序等方面来体现这一原则，增强世界遗产代表性，改善平衡性。7 月 19 日，世遗大会审议决定，鉴于刚果民主共和国世界自然遗产萨隆加国家公园在消除战乱和非法捕猎威胁等方面取得成效，将其从《濒危世界遗产名录》中移除。该公园位于刚果河流域中心位置，有着许多濒危物种，如矮黑猩猩、刚果孔雀、雨林象等，于 1984 年第 8 届世遗大会被列入《世界遗产名录》。后在 1999 年第 23 届世遗大会上被列入《濒危世界遗产名录》。

⊙ 加蓬共和国伊温多国家公园内的热带植物景观

本届世遗大会还将科特迪瓦申报的项目“科特迪瓦北部的苏丹风格清真寺”批准为世界遗产并列入《世界遗产名录》。这是本届遗产大会上首个列入《世界遗产名录》的非洲项目。科特迪瓦北部的苏丹风格清真寺由位于该国北部的8座清真寺组成，它体现了苏丹风格建筑和当地建筑形式的融合，展示出当地建筑对潮湿气候做出的适应性变化和独特鲜明的建筑特色，是跨撒哈拉贸易的重要见证。

⊙ 伊温多国家公园伊温多河上的木桥和独木舟

第44届世遗大会除了认定科特迪瓦共和国申报的该国北部的“苏丹式（风格）清真寺”为世界遗产外。还认定加蓬共和国提交的伊温多国家公园申遗报告，它因符合世界遗产第（Ⅸ）（Ⅹ）评选标准，经世遗委员会确认为世界自然遗产。伊温多公园在加蓬的赤道地区，覆盖了近3 000平方千米的原始土地，美丽的黑水河网密布其间。丰饶繁茂的苏木亚科原始热带雨林极具保护价值。这里是野生动植物的天堂，包括600多种脊椎动物和2 000多种植物。如极危物种非洲雨林象、西部低地大猩猩，濒危物种黑猩猩、非洲灰鹦鹉，易危的灰颈岩鹛、山魈、美洲豹、花豹、非洲金猫以及3种穿山甲等珍稀动物。这里的水生栖息地孕育着特有的淡水鱼（其中13种为濒危淡水鱼），至少7种川苔草科植物。这里的动植物基本未受人类活动的干扰。原始热带雨林与穿行其间的伊温多河形成的激流和瀑布，成为中非三处最壮观的瀑布，当水流从高处落下时，气势磅礴，落地声响巨大，几千米外都能听到，是观赏瀑布的好去处。这片保护区的自然景色犹如一幅精美的画卷，成为保护生物多样性的范例。

⊙ 伊温多国家公园内的非洲紫羚

⊙ 伊温多国家公园内的非洲雨林象

⊙ 伊温多国家公园内的瀑布

⊙ 流经伊温多国家公园的伊温多河

第三节　世界遗产没有终身制

各缔约国获批的世界遗产并不是“终身制”的。联合国教科文组织在 2021 年 7 月 21 日发表公报称，在中国福州召开的第 44 届世遗大会决定，将英国利物浦海上商城从《世界遗产名录》中除名。除名的原因是，该遗产的突出普遍价值已遭受不可逆转的损害，因此被除名。早在 2007 年，阿曼的阿拉伯大羚羊保护区就因盗猎猖獗和面积锐减等原因被《世界遗产名录》除名。2009 年，由于德国在德累斯顿易北河谷建造了一个现代化桥梁工程，从而破坏了易北河谷的遗产景观，被《世界遗产名录》除名。

世界遗产不设“终身制”的目的是，希望向国际社会阐明，城市或旅游业的过快发展、自然灾害频发、大规模公共或私人建设、武装冲突和战争爆发都可能成为从世界遗产中除名的原因。不少已成为世界遗产地的国家都很担心遭到除名，因为，世界遗产一旦从《世界遗产名录》中除名，就意味着它不再享有获得联合国保护资金的援助，在发生战争时不再受《日内瓦公约》的保护等这些优待。

第 44 届世遗大会的有关决议措辞是相当严厉的，有 7 处世界遗产被建议列入《濒危世界遗产名录》。本届世界遗产大会提出的遗产保护状况决议草案中，大幅度减少了日后再次审议的案例比例。

7 处保存不佳的世界遗产包括：

（1）非洲贝宁、尼日尔与布基纳法索的系列遗产 W—阿尔利—彭贾里保护区；

（2）澳大利亚的大堡礁；

（3）俄罗斯的堪察加火山群；

（4）阿尔巴尼亚与北马其顿的欧利迪区的自然和文化遗产；

（5）尼泊尔的加德满都谷地；

（6）匈牙利的布达佩斯城；

（7）意大利的威尼斯及其潟湖。

第 44 届世遗大会是首次以云端相聚形式召开的，人们可通过屏幕分享缔约国申遗成功的喜悦。本届世遗大会，发达国家和发展中国家新增加的世界遗产数量大体均衡，多国跨境联合申报和系列遗产类型实现了增长。

本届大会对 200 多项世界遗产保护状况报告进行了审议。中国的长城、科特迪瓦的塔伊国家公园和科莫埃国家公园等 3 项遗产保护状况良好，成为世界遗产保护管理的范例。刚果民主共和国萨隆加国家公园被《濒危世界遗产名录》移除，英国的“海上商业城市利物浦”因该遗产地及其缓冲区正在进行的开发项目“利物浦水岸（水域）建设计划”，已对该遗产地价值造成不可挽回的损害，成为继阿曼的阿拉伯大羚羊保护区、德国的德累斯顿易北河谷文化景观之后，被《世界遗产名录》除名的世界遗产。

⊙ 在第 44 届世遗大会上从《世界遗产名录》中被除名的英国“利物浦海上商城”遗产区内进行的“利物浦水岸”建设项目（红线范围）

提交本届大会审议的 39 个遗产提名项目，通过 36 项，否决一项，推迟审议两项。最终世界遗产家族新增了 36 个成员。

第 44 届世遗大会确立并使用的一系列在线审议操作规范，为后疫情阶段世界遗产工作提供了重要参照。中国是世界遗产保护的自觉践行者，也是世界遗产合作的积极推动者。中国将继续同世界各国和教科文组织一道，加强交流合作，支持世界遗产保护事业，共同守护好全人类的文化和自然瑰宝。世界遗产保护事业将从福州出发开启一段新的航程。相信在福州达成的共识、凝聚的力量，能够推动我们共同的崇高事业行稳致远。

第 44 届世遗大会闭幕后，意大利的世界遗产总数增加至 58 项列世界第一。中国的世界遗产总数为 56 项列世界第二，中国的自然遗产数量达到 14 处，位列世界第一。德国的世界遗产总数达到 50 个，成为继意大利和中国之

⊙ 在第 44 届世界遗产大会上被从《世界遗产名录》中除名的
英国利物浦海上商城码头区域

后，第三个进入世界遗产“50 俱乐部”的国家。科特迪瓦和加蓬这两个非洲国家申报的两个遗产项目都通过了大会的审议，成为世界遗产并列入《世界遗产名录》。

本届世遗大会专门审查了各遗产地的保护状况，实施奖罚并举，可谓有人欢喜有人愁。对遗产保护不利的缔约国有监督，对遗产保护得当的缔约国有褒奖。经过世遗委员会无记名投票表决，英国的海上商业城市利物浦因“持续建设而破坏了遗产”，最终从《世界遗产名录》中除名。阿尔巴尼亚、北马其顿奥赫里德地区的自然与文化遗产，被列入《濒危世界遗产名录》。而刚果民主共和国的萨隆加国家公园由于保护得当，解除了濒危世界遗产状态。中国在长城保护方面采取了积极、有效的措施，被世遗委员会评为世界遗产保护管理示范案例，成为全球三个示范案例之一。

第 44 届世遗大会，通过互联网向全球直播了大会的开幕式、闭幕式，并首次以线上和线下相结合的形式审议世界遗产议题，这也是世遗大会举办 40 多年来的初步尝试。作为四届“数字中国”建设峰会的承办地福州，充分发挥数字实力，以数字福州国际品牌为闽都文化国际品牌赋能，让“数字世遗”之光闪耀世界。参会的嘉宾对此次大会的数字世遗给予充分肯定。

第四节　世遗大会上确认的遗产项目

在第 44 届世遗大会上，世遗委员会还批准了除本书上述解读的世界遗产外的其他遗产申报：

1. 亚太地区，韩国的滩涂作为自然遗产列入。

日本北海道的绳纹遗址群作为文化遗产列入。日本的奄美大岛、德之岛、冲绳岛北部及西表岛作为自然遗产列入。泰国的岗卡章森林保护区作为自然遗产列入。印度特伦干纳邦的卡卡提亚王朝千柱（拉玛帕）庙作为文化遗产列入。印度的哈拉帕文明古城多拉维拉作为文化遗产列入。

2. 阿拉伯和非洲地区，沙特阿拉伯的希马文化区作为文化遗产列入。

约旦的萨尔特包容之地与好客之城作为文化遗产列入。

3. 欧洲地区，德国达姆施塔特的玛蒂尔德高地作为文化遗产列入。

德国施派尔、沃尔姆斯和美因茨的犹太人社区遗产作为文化遗产列入。德国、荷兰联合申报的罗马帝国的边界——下日耳曼界墙作为文化遗产列入。德国、奥地利、斯洛伐克联合申报的罗马帝国的边界——多瑙河界墙（西段）作为文化遗产列入。法国的尼斯里埃维拉冬季度假城作为文化遗产列入。俄罗斯奥涅加湖和白海的岩刻作为文化遗产列入。土耳其的阿斯兰特佩土丘作为文化遗产列入。斯洛文尼亚卢布尔雅那的约热·普列赤涅克作品——以人为本的城市设计作为文化遗产列入。格鲁吉亚的科尔基斯雨林及湿地作为自然遗产列入。

4. 拉美及加勒比地区，智利阿里卡和帕里纳科塔大区的新克罗文化聚落与木乃伊作为文化遗产列入。

乌拉圭工程师埃拉蒂奥·迪埃斯特的作品：阿特兰蒂达基督劳工教堂作为文化遗产列入。墨西哥特拉斯卡拉圣母升天修道院与主教座堂的方济格会建筑群。1994 年已列入文化遗产的“波波卡特佩特山坡上 16 世纪最早期的修道院”的扩展项目。

第三章

世界上申遗成功的铁路项目

第一节　申遗成功的铁路项目简况

申遗成功的铁路项目既有铁路线路也有铁路车站。截至 2021 年 7 月，世界上已有 5 个国家的 7 个铁路项目申遗成功。

按申遗顺序是：

（1）奥地利塞默灵铁路；
（2）印度大吉岭—喜马拉雅铁路；
（3）印度卡尔卡—西姆拉铁路；
（4）瑞士和意大利共有的阿尔布拉—贝尔尼纳铁路；
（5）印度孟买贾特拉帕蒂 · 希瓦吉车站；
（6）印度尼尔吉里铁路；
（7）伊朗纵贯铁路。

1998 年在日本东京第 23 届世遗大会上，奥地利塞默灵铁路被确认。1999 年在摩洛哥马喀拉什召开的第 24 届世遗大会上，印度大吉岭—喜马拉雅铁路被确认。这两条铁路申遗成功后，铁路遗产在《世界遗产名录》中的数量开始增多。2004 年在中国苏州召开的第 28 届世遗大会上，印度的贾特拉帕蒂 · 希瓦吉车站被确认。2005 年在南非德班召开的第 29 届世遗大会上，印度尼尔吉里山区铁路被确认。2008 年在加拿大魁北克城召开的第 32 届世遗大会上，印度卡尔卡—西姆拉铁路在《世界遗产名录》中注册的主名称——“印度高山铁路”下的扩展项目成为世界遗产。同时成为世界遗产的还有瑞士、意大利共有的阿尔布拉—贝尔尼纳铁路及文化景观。这些铁路是根据遗产第（Ⅱ）（Ⅳ）项评价标准被确认为世界遗产的。它们不同程度地展现了人类工程造物和所处环境景观和谐共存的景象，也体现了人类在不同地理环境、文化环境影响下，为解决铁路建设的困难和挑战所作出的尝试。2021 年在中国福州召开的第 44 届世遗大会上，伊朗纵贯铁路成为最新的世界遗产铁路。

文化景观作为世界遗产保护领域中一种新的遗产类型，带来了一种新的发展趋势，即由原来仅注重静态的遗产保护，向注重动态的遗产保护方向发展，并由注重单体的遗产保护，向注重保护遗址群、建筑群等群体遗产方向发展。世遗委员会认为，文化景观遗产是最具旅游观光价值的遗产类型，有着广泛的利用前景。

在这些申遗成功的铁路项目中，奥地利塞默灵铁路是首条具有文化线路特征的铁路。现在印度已拥有 4 个铁路遗产项目，包括 3 条铁路和 1 座铁路车站，成为拥有世界遗产铁路最多的国家。

第二节　有些铁路的申遗过程并非一帆风顺

伊朗纵贯铁路在申遗过程中，曾遇到需根据世界遗产评估机构的建议重新申报的问题。2021 年在第 44 届世遗大会召开前，作为世界遗产评估机构之一的国际古迹遗址理事会，就曾提出该遗产项目需要重新申报的建议。在国际古迹遗址理事会看来，伊朗在申遗文件和相关材料中提交的证据未能很好地支撑遗产评价标准第（Ⅱ）（Ⅳ）项。例如，对第（Ⅱ）项评价标准来说，伊朗纵贯铁路中所应用的建造和选址技术，此前其他铁路建造工程中已得到应用，与伊朗纵贯铁路并无二致。同时，在涉及铁路沿线石桥的建设和对古波斯方面的影响时，伊朗并没有提供足够的材料来证明当时使用的技术和铁路建设时使用技术的差别。以上种种，使国际古迹遗址理事会认为缔约国并没有足够的材料来证明及澄清伊朗在建设纵贯铁路的过程中所展现的不同民族和国家之间知识和技术的交流和融合。

根据世界遗产评价第（Ⅳ）项标准，国际古迹遗址理事会认为，尽管缔约国阐述了伊朗纵贯铁路在西亚乃至整个世界历史中的重要性，但整体定义太过宽泛，尤其是在缔约国所选定的时间段内，伊朗纵贯铁路的建设活动与时代大背景之间的联系并没有得到很好的阐述。同时，虽然国际古迹遗址理事会注意到伊朗纵贯铁路，在伊朗国家现代化进程中所扮演的独特角色和关键作用，但仍认为缔约国在相关表述中没有很好地表述支撑该铁路遗产项目的价值，因此，希望缔约国能进一步记录当时技术和知识的发展脉络，并强伊朗调纵贯铁路在适应传统方法和技术创新方面所做的改进，以便好地支撑所申报的标准。除了对遗产价值标准存有异议外，在案例比较分析的层面，国际古迹遗址理事会也认为同样存在着不足之处。

在申遗文件的表述中，伊朗也尝试与印度的三条世界遗产铁路进行对比。然而，国际古迹遗址理事会认为，伊朗目前进行的比较分析研究并不能展现伊朗纵贯铁路的价值。考虑到该遗产超过 1 000 千米的长度，覆盖的面积以及伊朗自身复杂的历史背景和国际大环境，伊朗纵贯铁路的最大特点并不在于工程和建筑层面的复杂和创新，而是它展现了伊朗现代国家权力和意识的觉醒。因此，国际古迹遗址理事会认为，伊朗纵贯铁路应着重于与之类似的，有着相似长度和国际性影响力的案例进行比较分析。

其实在 2017 年底，伊朗纵贯铁路的申遗材料就已提交联合国教科文组织的专业咨询机构审议。2018 年经咨询机构专家的要求，伊朗又提交了有关这条铁路的补充文件。2019 年 10 月，联合国教科文组织专家到伊朗实地考察并表示了对纵贯铁路申遗的支持。伊朗在补充了相关说明后，纵贯铁路在第 44 届世遗大会上最终申遗成功，使伊朗在《世界遗产名录》中再添一位新成员，也使《世界遗产名录》中的铁路遗产增加到 7 处。

第三节　申遗铁路项目有什么特点

申遗铁路项目有以下特点：

（1）显示人类智慧的创造性工程。在众多世界知名铁路中，这一点是经常被引用的。由于铁路是一项庞大、复杂的系统工程，并且是由工程技术人员设计和建造的，因此，辨别世界上一些伟大的铁路工程首先依据此标准是正确的。如：英国人艾萨姆布莱德·金多姆·布鲁诺尔设计修建的英国大西方铁路；意大利人卡尔·里特尔·冯·盖加设计修建的塞默灵铁路等。建造铁路这样庞杂的系统工程，不仅体现了少数精英的智慧，还是多种技术门类集合的产物，因此，必须考虑铁路建造过程中合作的重要性。

（2）科学技术对建造铁路的影响。建造铁路的基本目的是提供旅客和货物的运输服务，而提供这些客货运输服务，就需要科技的支撑，这些科学技术在铁路修建过程中，会在路基、钢轨、桥梁、隧道、站房等工程的设计和建造上得到体现。初期和早期的铁路建造基本是靠人力施工，随着机械的引入，建造铁路的速度大幅提高。科学技术这一标准可用在判别不同类型和不同时期的铁路建设，科学技术的因素需要永远加以考虑。利用近现代技术建造铁路时，还应考虑社会、经济、环境、政治等方面的因素。

（3）铁路的代表性和典型性体现在多方面。英国的纽卡斯尔铁路就是这样，它从1836年建成一直使用至今天。一些专用的铁路设施、设备、场所，或许被认定为典型的铁路遗产。如保存完好的老式蒸汽机车、古老的车站以及铁路供水设施如水塔、水鹤、水箱等；燃料供应设施如加煤机、贮煤台等；机车转向及停放设施如三角线、机车转盘、车库等。

（4）铁路遗产应具有线性特征或文化线路特征并与周边环境相融合。

具备这四个特点的铁路项目，基本可以确认为铁路遗存。

要认定具有建筑特色和历史意义的国际性车站，相对是比较容易的。但更好的选择是，把大型且古老的火车站作为一种分列的世界遗产项目似乎更适合，小型的火车站可以归为相应地区保留较完整的铁路遗产的一部分。另外，铁路文化遗产还具有专属性特点，这一特点体现在线路、车站、桥梁、隧道、车库、转盘、厂房等建筑物的专属性上。这些建筑物从其产生之日，就是专门用于铁路运输而不是其他目的，这一点是毋庸置疑的。

还要指出的是，作为物质文化遗产，铁路遗产的存在形式是多样的，除了以不可移动形式存在，还以可移动形式存在。相比较而言，铁路可移动遗产的数量远远超过铁路不可移动遗产的数量，而且，近乎所有的铁路博物馆收藏的都是铁路可移动遗产。按照铁路可移动遗产的功用、质地、属性、年代等还能分出许多类别。

另外，还有一些国家的铁路项目或运输项目，曾被纳入世界文化遗产基金的年度观察名单。如比利时的布鲁塞尔旅游运输中心、智利的阿拉曼达火车站、巴拉圭的亚松森—萨普卡伊铁路等。

第四章

欧洲的两处著名世界遗产铁路

在保护文化遗产全球化合作以及文化遗产多元化保护的国际大背景下，在联合国教科文组织和国际古迹遗址理事会的共同推动下，作为工业遗产组成部分的铁路遗产已在《世界遗产名录》中占有一席之地。截至 2021 年 7 月，已有奥地利、瑞士、意大利、印度、伊朗 5 个国家的 7 处铁路遗产被确定为世界遗产。欧洲的遗产铁路是奥地利的塞默灵铁路、瑞士与意大利共有的阿尔布拉—贝尔尼纳铁路及周边自然景观。亚洲的遗产铁路是印度 4 个铁路项目和伊朗的纵贯铁路。

第一节　首条申遗成功的塞默灵铁路

连接奥地利首都维也纳和南部小镇塞默灵的高山铁路，是世界上最早建造的山区铁路，由意大利威尼斯的工程师冯·盖加设计。正是由于他对这条高山铁路独具匠心的精巧设计，使这位工程师享誉盛名，他的头像被印在 1967 年版奥地利 20 先令纸币和相关邮票上。

⊙ 塞默灵火车站站台上该铁路设计者卡尔·利特尔·冯·盖加的纪念碑

⊙ 联合国教科文组织批准塞默灵铁路为世界遗产的证书及塞默灵铁路设计者冯·盖加像

塞默灵铁路于1848年开工，动用约两万多名施工人员，历时6年，于1854年7月竣工。铁路轨距为1 435毫米，线路全长41.9千米。此条铁路位于格洛格尼茨车站和米尔茨楚施拉格车站之间。是从维也纳到意大利的里雅斯特铁路的一部分。这条铁路跨越了460米的高差，有近60%的线路坡度为20‰~25‰，有16%线路最小曲线半径为190米，这对于当时的铁路建设来说都是革命性的突破。

塞默灵铁路共有15条隧道，其中最长一条隧道为1 431米，16座高架桥（其中还有若干多层高架桥）以及超过100座的石桥和11座小型铁桥。坚实的隧道、稳固的高架桥以及高质量的工程，使这条号称人类修建的第一条穿越崇山峻岭的铁路，在历经一个半世纪的光阴后，至今仍是奥地利铁路正常运行的主要干线。1998年被确定为世界遗产后，它成为第一个被列入《世界遗产名录》的铁路遗产项目。2015年由埃里克·普车根据画家迪特尔·卡尔斯的绘画作品，设计了发行量达20万枚的塞默灵铁路纪念邮票。

奥地利共和国位于欧洲中部，下属有九个联邦州，作为一个内陆国家，与多国接壤，东邻匈牙利和斯洛伐克，南接意大利和斯洛文尼亚，西连列支敦士登和瑞士，北邻德国和捷克，面积83 879平方千米。奥地利的西部和南部是阿尔卑斯山脉，北部和东北部是平原和丘陵，47%的面积为森林所覆盖。

奥地利四通八达的铁路网络与周边国家紧密相连，成为欧洲铁路网的一部分，主要铁路枢纽站维也纳、萨尔茨堡、格拉茨、因斯布鲁克等都有频密的火车前往奥地利各地以及邻国的主要城市。

⊙ 一幅描绘早期塞默灵铁路的历史绘画

⊙ 一幅描绘早期塞默灵铁路的彩色绘画

塞默灵是阿尔卑斯山的一个隘口，峭壁崎岖，峡谷险峻，位于奥地利中部下奥州和施泰尔马克州交界处的山区。这里很早就是贯通阿尔卑斯山南北的交通要道。1728 年，贯穿阿尔卑斯山口的第一条公路开始修建，之后，在这条公路两侧陆续出现了一些村落。再后来，铁路也出现在人们的眼前。1842 年，皇家法令宣布将维也纳至格洛格尼茨的铁路延伸至塞默灵，世界第一条高山铁路由此开始修建。这条铁路不仅在国际贸易中有着重要作用，而且还有利于塞默灵地区的开发，并影响着当地旅游业的发展，铁路本身也是这片山区一道亮丽的风景。它是在地形复杂地区修建铁路的典范，是第一条成为世界遗产的高山铁路。它穿行于崇山峻岭之中，连接奥地利首都维也纳和南部小镇塞默灵。

1998 年，第 22 届世遗大会根据文化遗产遴选依据标准（Ⅱ）（Ⅳ），塞默灵铁路以其高质量和对文化景观的影响，被联合国教科文组织世遗委员会批准为世界文化遗产并列入《世界遗产名录》。世遗委员会对该铁路的评价是：塞默灵铁路建于 1848 ～ 1854 年，穿行于崇山峻岭中，全长 41 公里，是最伟大的土木工程之一，也是铁路建筑史上的里程碑。沿线隧道、高架桥以及其他工程的建造水平很高，因此一直沿用至今。铁路两侧是雄伟的高山，景色十分壮观。铁路开通后，整个地区得到开发，修建了许多用于休闲活动的精美建筑。

这条铁路是在地质条件极为复杂地区修建铁路的典范，塞默灵这座小镇也因这条铁路穿镇而过而闻名遐迩。它打通了维也纳与东部重镇格拉茨的运输线，使从维也纳到意大利东北部港口特里斯特的交通不再绕道匈牙利。

⊙ 塞默灵铁路修建高架桥时的场景

⊙ 塞默灵铁路的高架桥

作为欧洲一项伟大的工程，塞默灵铁路沿线是崎岖、陡峭的岩壁和深渊峡谷，为建造这条铁路就必须打通多条隧道并架设多座桥梁。意大利设计师冯·盖加仔细勘测了五年，在所有可能出危险的地方做了标记，还采用了多种施工方法。值得一提的是，尽管当时欧洲钢铁工业比较发达，但冯·盖加仍坚持全线桥梁隧道使用石块砖瓦材料，这样能使整个铁路工程与阿尔卑斯山的自然景色浑然一体。1848 年，塞默灵铁路的建设方案终于获得批准，世界上第一条高山铁路由此拉开了兴建的帷幕。

⊙ 塞默灵铁路车站的站牌和站台上展示的车厢

当时还没有 TNT 炸药和大型隧道施工机械，像开山破石、开挖隧道这样艰巨的工程都是靠手工完成的。当时只有黑色炸药。放炸药的孔洞也都是手工凿出来的。几个工人一组，有人扶着钢钎并不断转动，有人打锤，一点一点地打出洞来。当时，几乎所有工作都只能在白天完成。隧道里也没有电灯，工作时只能靠老式的戴维灯照明。当年的筑路者们就是凭借着简陋的工

⊙ 塞默灵铁路成为世界遗产后竖立的铭牌

具和惊人的毅力，用 6 年时间完成了这段全长约 42 千米的高山铁路建设。可以说，即使在今天，在这么短的时间里建造这样一条 42 千米长的铁路也是非常困难的，但当时却做到了。那时采取了分段包干的办法，将各个路段和桥梁承包给不同的公司，各个路段同时施工，才能用这么短的时间建好这条铁路。

当时的筑路者中还有一些妇女，她们用篮子、箩筐等向工地运送灰浆、石料和食物。当时有很多整个家庭来参加筑路工作，因此，在这里建了一些村镇、营区或定居点。在历时 6 年的筑路过程中，大约有 1 000 名施工人员去世，多数是被伤寒和霍乱等疾病夺去生命。在当时十分简陋的施工条件下，塞默灵铁路堪称是一个人类创造的奇迹，因此，它也被世人誉为“欧洲最伟大的土木工程”。

塞默灵铁路建成后，使塞默灵镇从一个寂寞小镇变成了旅游胜地。这里的滑雪、登山、网球、高尔夫球和马术等运动都是度假者的最爱。而人们来这里游览，一定会乘火车，火车车厢内非常舒适，车厢门、窗都安装有透亮的玻璃，既能保证相对私密，又不妨碍观景。列车在崇山峻岭间奔驰，跨过石桥，穿越隧道，沿途景致尽收眼底。

1854 年铁路开通后，沿途景色之美很快出了名，有的还登上了纪念邮票和纸钞。从车窗放眼望去，远处的山峰覆盖着终年不化的白雪。沿途的村庄、红顶石砖的别墅错落有致，仿佛一幅中世纪的油画。

列车行驶途中，眼前闪现出一座高架双层石拱桥横跨在山谷上，两排拱形桥洞煞是壮观。这就是印在旧版奥地利 20 先令纸币上和邮票上的铁路设计者冯·盖加及这座高架桥的画面。下图这张纸币被称为“有美景的 20 先令”。在奥地利使用欧元前，塞默灵铁路的这一景致就已在奥地利家喻户晓了。

⊙ 旧版奥地利 20 先令的纸币以塞默灵铁路高架桥作为背景

⊙ 塞默灵铁路建在山谷中的高架桥和隧道

⊙ 塞默灵铁路沿线的桥梁

⊙ 塞默灵铁路的高架桥及铺设在桥上的线路

第二节　风景如画的阿尔布拉—贝尔尼纳段铁路

阿尔布拉—贝尔尼纳的利西亚阿尔卑斯山铁路是雷塔恩铁路网的重要组成部分，它连接瑞士南部格劳宾登州的圣莫里茨和意大利北部松德里奥省的蒂拉诺，是一个科技与景观完美结合的范例。阿尔布拉—贝尔尼纳的利西亚阿尔卑斯山铁路在2008年第32届世界遗产大会上被确定为世界遗产并列入《世界遗产名录》。

20世纪初修建阿尔布拉—贝尔尼纳段铁路时，建设者利用科学技术成功地克服了自然环境给施工带来的种种困难，建成了完美的、至今还在繁忙运作的铁路线。阿尔布拉段于1898年开工建设，1904年投入使用，总长67千米，有42座隧道，144座高架桥或桥梁。贝尔尼纳段于1904年开工建设，1910年投入使用，全长61千米，该路段有13座隧道和封闭式地道及52座高架桥和桥梁。这条铁路的成功建造，带动了当地及沿线的经济发展，也使人烟稀少的崇山峻岭成了著名的旅游胜地。

阿尔布拉—贝尔尼纳段铁路修建于1898～1910年间，是一条山区单线窄轨（轨距1 000毫米）铁路。因其铁路沿线桥梁、隧道的建筑结构独特、技术成就显著以及铁路与周边环境有机融合形成的景观而闻名于世。

⊙ 阿尔布拉—贝尔尼纳铁路近乎360°的回形展线

⊙ 由蒸汽机车牵引的列车行驶在阿尔布拉—贝尔尼纳铁路的高架桥上

阿尔卑斯山是冰雪运动的天堂，大自然的鬼斧神工把此处的景致打造得出神入化，让人流连忘返。许多冰雪运动爱好者或游客都希望到阿尔卑斯山滑雪、旅游。旅游观光的人们可乘坐由全景式观光车厢组成的贝尔尼纳快车前往这一胜地，通过全景式观景窗可欣赏到沿线不同季节的美丽风光，还能看到不远处白雪皑皑的阿尔卑斯山峰。贝尔尼纳快车由雷蒂亚铁路公司负责运营管理，这趟快车提供多种语言的导游服务，深受冰雪运动爱好者和游客们欢迎。

阿尔卑斯山复杂的地形地貌也给铁路的施工带来许多困难。这段铁路最高处海拔为 2 253 米，坡度为 7%，是整条铁路工程中难度最大的地方。对此，在利西亚铁路的网页上有着这样的描述："这是阿尔卑斯地区在欧洲最陡峭的铁路"。阿尔布拉—贝尔尼纳阿尔卑斯山铁路不仅是连接瑞士和意大利的重要铁路干线，它还有着重要的文化意义，它不仅是穿越阿尔卑斯山的一条有代表性的铁路，而且还是一条穿越格劳宾登州历史的铁路。作为世界遗产不单单指这条铁路本身，还包括铁路中心区域及铁路周边 3 个附属区域的文化和自然景观。这条路是 20 世纪早期利用铁路连接阿尔卑斯山中部地区偏僻居民点的典型范例，对山区人民的社会生活和经济发展，有着重要且深远的影响。这处遗产集精良的铁路技术设施、杰出的建筑造型和优美的自然环境之大成，展现了建筑艺术和土木工程学上的辉煌成就。这条已有百余年历史的铁路与沿途环境和谐地融为一体，将人类技术与自然美景完美结合，自然和技巧在这里得到完美的体现，形成了铁路早期发展史上的经典之作。

⊙“贝尔尼纳号”观光列车的全景式车窗

⊙ 列车正在通过周边景色如画的高架桥

⊙ 列车正穿过银装素裹的森林和山峰

⊙ 列车行驶在高架桥上

⊙ 列车经过高架桥后准备进入隧道

⊙ 列车正在通过这条铁路的 S 形弯道

⊙ 俯瞰瑞士境内近乎 360° 的布鲁西奥回形展线

⊙ 由蒸汽机车牵引的列车行驶在高架桥上，可看到线路一侧已经竖立了电气化铁路的电线杆

⊙ 2021 年 8 月联合国邮政局发行的“世界遗产”系列邮票之阿尔布拉—贝尔尼纳铁路

第五章

亚洲的五处著名世界遗产铁路项目

印度于 1850 年修建了该国的第一条铁路，即孟买至塔纳全长 34 千米（约 21 英里）的铁路。1925 年印度将孟买至库尔拉之间的 16 千米线路建成了该国第一条电气化铁路。印度铁路的轨距主要有 1 700 毫米、1 000 毫米、762 毫米、600 毫米四种。

印度在《世界遗产名录》中是拥有铁路项目最多的国家。截至 2021 年 7 月，印度共有 3 条铁路和 1 座铁路车站被确定为世界遗产。印度的山区铁路展现了巧妙的工程设计思维，为人们在崎岖山岭中修筑铁路提供了成功的范例。印度在铁路申遗方面取得的成功，显示出一个古老国家对铁路文化遗产的重视和保护。

伊朗向第 44 届世遗大会提交的申遗项目则是其纵贯铁路。

现将印度的 4 处铁路项目和伊朗的纵贯铁路按成为世界遗产的时间顺序予以解读。

第一节　险峻的大吉岭—喜马拉雅铁路

这条铁路于 1879 年开始修建，1881 年 9 月全线竣工通车。铁路全长约 90 千米，轨距为 610 毫米窄轨，它是印度最早修筑的铁路之一，也是目前印度为数不多的仍在运行的高山铁路。大吉岭—喜马拉雅铁路距现在已经有 140 多年的历史，是高山铁路的经典之作。大吉岭—喜马拉雅铁路的高差变化相当大，从海拔百米的西里古里出发，列车一路爬升到以产茶而闻名的海拔约 2 200 米的大吉岭。该铁路仍使用自重 15 吨的蒸汽机车来牵引列车。这种造型小巧设有鞍形水柜的机车是 1889~1925 年间由英国夏普・斯图尔特、北英机车公司和美国鲍尔温机车厂等几所工厂制造。

乘坐蒸汽机车牵引挂有三至四节观光车厢的列车，人们可以从车窗可远眺世界第三高峰干城章嘉峰顶部的积雪。从西里古里站出发 26 千米处的线路旁设有加水柜，以方便给蒸汽机车加水，列车继续经过几处著名的 U 型展线区段后将会抵达著名的避暑胜地大吉岭。从西里古里到大吉岭大约用时 8 个小时。

这条堪称经典的高山铁路，曾让许多名人叹为观止。美国著名作家马克・吐温曾慕名到大吉岭—喜马拉雅铁路观光并沉醉于铁路沿线的景色中，他在小火车中边品红茶，边欣赏窗外如诗如画的风景。看过这条铁路后他说：“这是一处所有人都向往的地方，即使惊鸿一瞥也已足愿。”铁路经营者曾把那趟列车命名为马克・吐温号。

⊙ 大吉岭—喜马拉雅铁路的小站

⊙ 大吉岭—喜马拉雅铁路列车在沿途停靠

⊙ 铁路建成初期的 U 形展线

⊙ 大吉岭—喜马拉雅铁路呈马蹄形的巴塔西亚 U 形展线

⊙ 乘坐列车可以远眺世界第三高峰干城章嘉峰山顶的积雪

⊙ 列车行驶在风景如画的线路上

⊙ 大吉岭—喜马拉雅铁路成为世界遗产后的标识牌匾

⊙ 行驶在大吉岭—喜马拉雅铁路上的客车

⊙ 正行驶在大吉岭—喜马拉雅铁路上的货运列车

⊙ 被称为“玩具火车”的大吉岭—喜马拉雅铁路蒸汽机车

⊙ 为大吉岭—喜马拉雅铁路制作的宣传牌

⊙ 2021 年 8 月登上联合国邮政局发行的“世界遗产”系列邮票的大吉岭—喜马拉雅铁路

第二节　建筑艺术的瑰宝贾特拉帕蒂·希瓦吉车站

贾特拉帕蒂·希瓦吉车站位于印度最大城市孟买市南部，是一座历史悠久的铁路车站，建成于 1888 年，由英国建筑师弗雷德里克·威廉·史蒂芬森参考英国伦敦圣潘克拉斯火车站的哥特式建筑风格并融合印度传统建筑特点设计而成。这座车站的建造历时 10 年，最初的名字是维多利亚终点站。

1996 年，印度政府把有殖民色彩的“维多利亚终点站”改为“贾特拉帕蒂·希瓦吉车站”。这座车站的建筑造型融西方经典建筑风格与印度传统建筑风格于一体，是东西方文化交融的典范。其引人注目的圆形石质屋顶、塔楼、尖拱和不规则的地面设计，都接近传统的印度宫殿建筑。车站内部衬有高品质的大理石，有木雕、铁饰、铜扶手以及其他富有艺术感染力的装饰物。整个建筑外立面遍布精美的石雕。现在，它仍是孟买乃至印度最大、最繁忙的火车站，还是印度中央铁路公司总部所在地。

⊙ 贾特拉帕蒂·希瓦吉车站全貌

依据文化遗产第（Ⅱ）（Ⅳ）项遴选标准，该车站于 2004 年被世遗委员会认定为文化遗产并列入《世界遗产名录》。

⊙ 车站建筑中央的钟楼

⊙ 车站建筑上精美的孔雀图案石雕

⊙ 车站大厅的穹顶

⊙ 车站顶部手持火炬的人像雕塑

英国著名铁路历史学家、知名记者克里斯蒂安·沃尔玛尔在他所著的《铁路改变世界》一书的第 10 章“全盛时代”中，对贾特拉帕蒂·希瓦吉车站称赞道“在亚洲和北美，很多车站的设计都借鉴于欧洲，其中，最杰出的火车站——孟买的维多利亚终点站，是欧洲建筑与东方建筑的巧妙结合，其风格被称为哥特—撒拉逊式。这座建筑将穹顶和尖顶巧妙地结合在一起，将中世纪的英国、意大利威尼斯、罗马建筑与东方建筑的特色相互结合。”这段话真实地反映出该车站建筑艺术的特色。

⊙ 车站被列入世界遗产后的铭牌

⊙ 车站立面各式造型精美的窗户

⊙ 从侧面看车站建筑

⊙ 夜色里车站在水中的倒影

⊙ 悬挂在车站外的世界遗产牌匾

第三节　以齿轨著称的尼尔吉里山区铁路

尼尔吉里山区铁路位于印度南部德干半岛泰米尔纳德邦的尼尔吉里山区，是连接尼尔吉里县首府乌塔卡蒙德和尼尔吉里丘陵下的米免帕拉源的一条轨距为1 000毫米的窄轨山区铁路，这条铁路全长46千米，有两百多个弯道和桥梁，于1908年建成通车。它是印度唯一因行驶齿轨列车而著称的齿轮铁路。乌塔卡蒙德这座山城的平均海拔是2 268米，所以有些路段采用了齿轨技术。这条铁路沿线的车站具有显著的英属殖民地风格。该铁路于2005年成为世界遗产并列入《世界遗产名录》。

最初尽管印度的高止山脉平均海拔达是915米，但在泰米尔纳德邦的尼尔吉里山的海拔则达到了2 500米。当年殖民者在此处修建了一些避暑建筑，并建造了山地车站。现在，以印度人为主的度假者纷纷涌向西高止山脉寻求凉爽的空气并在这里纳凉，同时欣赏自然美景和享受绿色的宁静。人们乘坐蓝色或浅黄色的小火车，沿着这条窄轨铁路进入山区。小机车牵引着列车穿越隧道和桥梁，可看到蔚为壮观的森林和茶园的景观，人们通过车窗尽情地欣赏沿途的风光，这是印度现存唯一使用齿轮轨道的山区铁路。

⊙ 停靠在尼尔吉里铁路车站进行整备的列车

⊙ 穿过花海的尼尔吉里铁路

⊙ 列车正在通过尼尔吉里铁路的 U 形展线

⊙ 尼尔吉里山区的齿轨铁路线路

⊙ 从齿轨铁路的中间可看到轨道中间的齿轨

尼尔吉里又称蓝山或青山，位于印度南部略为平缓的丘陵地带，从西南端的喀拉拉邦一直延伸到东南端的泰米尔纳德邦。尼尔吉里是印度著名的茶叶产区，这里气候温润，适合茶树生长，所以全年皆有茶叶生产。由于茶叶产区的地理环境及气候条件与邻国斯里兰卡十分相近，所以产出的茶与斯里兰卡产的茶的味道很相似。尼尔吉里产茶区每年 12 月到次年的 1 月，所采摘的茶叶品质特别优良，在当地被称作“冬霜红茶”。这里大约有 250 平方千米的茶树，这些茶树生长在海拔 300~1 830 米的山坡上，茶叶年产量为 61 729.5 吨，是印度的第二大茶叶产区。这里的每个高原、斜坡和丘陵都栽种了茶树，全年都有茶叶收获。由于大多数茶树种植园一年有两次雨季，所以每年也有两季茶叶采摘期，4、5 月份采摘的茶叶约占全年总量的 25%，9、10 月份采摘的茶叶占总量的 35%~40%。当地独特的地形和气候条件，使当地出产的茶叶独具风味。其中著名的有格兰戴尔、哈乌考、查姆拉贾、蔻达娜等茶园。尼尔吉里出产的茶加工成红茶后，风味高雅、茶汤透亮、香味浓郁、润滑甘醇，深受人们的喜爱。

⊙ 带有齿条的轮对与齿轨线路结合图

⊙ 尼尔吉里的产茶区

第四节　有众多特色桥隧的卡尔卡—西姆拉铁路

卡尔卡—西姆拉铁路位于印度北部喜马偕尔邦的卡尔卡—西姆拉之间，以铁路沿线的桥梁和隧道而闻名于世。这条铁路属于印度高山铁路扩展项目下的文化遗产，卡尔卡—西姆拉铁路于 1898 年建成，是一条从昌迪加尔的卡尔卡站到希姆拉站的铁路，线路全长 96 千米，在这短短的 96 千米的线路上，列车却需要行驶 5 个小时之久。从海拔 656 米上升到 2 076 米，使用的是 762 毫米的窄轨轨距。线路要经过百多座隧道和桥梁（其中最大的一座是 18.29 米的钢结构桥梁）、需要转过众多的弯道。这条铁路是为向西姆拉地区的山地城镇提供服务和物资而建造的窄轨单线铁路，也被称为最危险的铁路之一。铁路沿线既有桥隧相连的景致，也有独立的石桥和隧道。旅游者乘坐时可以选择能够放下窗户的车厢，可欣赏到铁路沿线的这些桥梁和隧道，还可以把照相机伸出窗外拍摄风景。为减少燃煤蒸汽机车排放的烟尘对周边自然环境的污染，卡尔卡—西姆拉铁路有时也采用内燃机车牵引列车。这条铁路历史悠久，沿线独特的风景和特殊的地形、地貌以及具有的人文价值，于 2008 年被确认为世界遗产并进入《世界遗产名录》。

⊙ 卡尔卡—西姆拉铁路上行驶的列车

⊙ 列车正在通过卡尔卡—西姆拉铁路的多层高架桥

⊙ 使用内燃机车牵引的列车停靠在卡尔卡—西姆拉铁路上的车站

第五节　跨越多个气候区的伊朗纵贯铁路

伊朗伊斯兰共和国位于亚洲的西南部，国土绝大部分在伊朗高原上，海拔一般在 900~1 500 米之间。西南部为厄尔布尔士山与科彼特山，东部为加恩—比尔兼德高地，北部有厄尔布兹山脉。德马万德峰海拔 5 670 米，是伊朗的最高山峰。西部和西南部是宽阔的扎格罗斯山山系，约占其国土面积一半。中部为干燥的盆地，形成许多沙漠，有卡维尔荒漠与卢特荒漠，平均海拔 1 000 余米。仅西南部波斯湾沿岸与北部里海沿岸有小面积的冲积平原。西南部扎格罗斯山麓至波斯湾头的平原称胡齐斯坦。因此有多个气候区之称。

截至 2020 年末，伊朗铁路总里程是 9 508 千米，干线铁路 7 265 千米，支线铁路 2 243 千米，在建的铁路约有 3 300 千米。伊朗铁路大部分是标准轨距（1 435 毫米），另有少部分宽轨（1 676 毫米）铁路；拥有机车 277 台，年运送旅客 1 311.1 万人次，运送货物 2 639.2 万吨。

伊朗的首条铁路是 1892 年在德黑兰南部修建的一条 10 千米长的铁路。而纵贯铁路修建于 1927~1938 年，历时 11 年完工。该铁路近乎贯穿伊朗全境，连接伊朗东北部的里海和西南部的波斯湾。

⊙ 蒸汽机车牵引列车通过纵贯铁路威列斯克的 11 孔大桥

⊙ 列车正在通过伊朗纵贯线的隧道和桥梁

⊙ 纵贯铁路峡谷中桥隧相连的线路

⊙ 列车经过纵贯铁路隧道

⊙ 货运列车行驶在纵贯铁路上

纵贯铁路全长 1 394 千米，19 世纪下半叶，修建跨伊朗铁路的构想被提出。这条铁路沿线有复杂多样的地质地貌特征以及多样的地理环境。铁路穿越厄尔布尔士和札格罗斯两座山脉以及众多的河流、高原、森林和平原，跨越四个气候区，在铁路沿线可以领略到不同气候区的多种地貌特征，沿途景色中，既有高山峡谷和森林湖泊，也有原野草场和丘陵沙漠。

崎岖的地形导致建造铁路需进行大规模山体切割，需要建造 170 多座大中型桥梁、180 多座中小型桥梁和 224 座隧道，还有包括 11 个螺旋展线，铁路全线设 90 座车站。伊朗纵贯铁路不仅影响了沿线区域社会、经济和文化的发展，而且与古老的丝绸之路、香料之路等重要道路结合，使它们焕发生机。铁路使原本难以企及的山区、森林和沙漠等景色为人所知，铁路自身也成为这景观中不可分割的组成部分。

联合国教科文组织指出，与大多数早期建设的铁路项目不同，伊朗纵贯铁路的建设资金来源于其本国的税收，以此避免了外国的投资和对铁路的控制。铁路的建设涉及一些地区的大范围开山造路，铁路沿线崎岖的地形，决定了这条铁路需要建造大批桥梁和隧道。这条铁路的建造可看作伊朗全面发展的转折点。世遗委员会认为，伊朗纵贯铁路不仅展现了伊朗建筑师、工程师与来自不同国家同行的合作，同时铁路天险部分的桥梁、隧道和站台，也体现了基于伊朗多样的地理环境所实施的选线设计和建设方法，展示了纵贯铁路在工程学和建筑学方面独具创造性的成就。纵贯铁路沿线的车站、桥梁、隧道，展现了来自欧洲的建筑和工程学理念与伊朗当地传统建筑理念的融合。

在 2021 年第 44 届世遗大会上，该铁路被宣布成为世界遗产后，伊朗伊斯兰共和国铁路公司首席执行官赛义德·拉苏利称赞这是伊朗交通部门的一项伟大成就，为该国的旅游业创造了宝贵的财富。

第六章

世遗铁路项目对我国铁路申遗的启示

吴淞铁路是中国的第一条铁路，全长 14.5 千米，1876 年竣工通车，这比 1825 年英国的世界第一条铁路晚了半个多世纪。

中国铁路经历了由缓慢前行到快速发展的历史进程。特别是改革开放以后，中国铁路更是以惊人的速度高速发展。截至 2021 年底，全国铁路营业里程突破 15 万千米，其中不乏历史悠久、沿线站房各异、桥隧种类繁多、施工难度艰巨的铁路。

第一节　遗产宝库的中东铁路有没有申遗的优势

中东铁路以哈尔滨为中心，向东至绥芬河成为滨绥线（哈尔滨—绥芬河）、向西至满洲里成为滨洲线（哈尔滨—满洲里）、向南至长春成为南支线（哈尔滨—长春），后线路又延至旅顺、大连，线路总长约 2 400 千米。

目前，中东铁路沿线尚保留部分老式站房、水塔、机车库、机车转盘、钢结构桥梁、员工宿舍旧址、俱乐部旧址、护路队旧址、治安所旧址、东正教教堂、俄式木屋等建筑，堪称铁路不可移动遗产的宝库。其中，香坊站、东正教教堂、横道河子机车库及转盘、铁路治安所、海林站旧址等建筑已成为全国重点文物保护单位。这条铁路无论从线路长度、建造时间、沿线的不可移动铁路遗产、自然风光、工程难度等，都是可以申遗的。

⊙ 早期的中东铁路扎兰屯站

⊙ 早期的中东铁路满洲里站

⊙ 中东铁路松花江大桥

但是，因为对铁路沿线的不可移动铁路遗产缺乏有效的保护，个别不适当的开发利用，给遗产本身及遗产地周边环境造成一定程度损害，这些都不利于该铁路的申遗。需要铁路部门和地方有关机构相互配合，对沿线不可移动铁路遗产进行有效保护和合理利用，使这条铁路逐步具备申遗优势。

第二节　极为艰险的昆河铁路能否申报世界遗产

滇越铁路是一条中国和越南的跨国境铁路，该铁路中国境内路段为昆河铁路（昆明—河口），是中国现存唯一的窄轨（轨距 1 000 毫米）铁路。这条铁路呈南北走向，线路全长 859 千米，中国境内段长 465 千米，越南境内段长 394 千米。越南境内段于 1901 年开工建设，1903 年竣工通车。中国境内段 1904 年开工建设，1910 年 3 月底竣工通车。这条铁路曾被外国媒体称为与苏伊士运河、巴拿马运河相媲美的世界第三大工程。

⊙ 昆河铁路部分展线示意图

昆河铁路是中国西南部地区的第一条铁路，以拥有诸多形式的站房和桥梁而著称。车站如碧色寨站、蒙自站、鸡街站（属于个碧石铁路）、腊哈地站等，其中，碧色寨站、鸡街站已成为全国重点文物保护单位。桥梁如五家寨桥（人字桥）、白寨大桥、小龙潭桥（钢架与石拱完美结合的桥）、庐江大花桥、玉林山七孔拱桥等。白寨大桥是一座庞大、壮观的铁路桥，1907 年 9 月开工建造，1908 年 3 月竣工。充分显示了在南溪河大峡谷复杂地质地形条件下钢制塔架桥墩设计方案及施工效率的优越性。从这条铁路的百年历史看，留给后人的除了国家丧失铁路权益的屈辱历史，还有植根于人们心中的文化底蕴。

从昆河铁路沿线保留的不可移动遗产状况、沿线的复杂地形地貌、桥梁、隧道的施工难度来看，这条铁路是有资格申报世界遗产的。

⊙ 昆河铁路第一代钢架桥墩的白寨大桥

⊙ 昆河铁路五家寨桥（人字桥）

⊙ 重建后的昆河铁路白寨大桥

⊙ 昆河铁路开远庐江“大花桥”

⊙ 昆河铁路开远玉林山七孔桥桥

⊙ 个碧石铁路碧色寨车站旧址

⊙ 个碧石铁路鸡街车站旧址

第三节　让国人骄傲的京张铁路是否具备申遗条件

京张铁路是由爱国工程师詹天佑自主设计、修建的第一条干线铁路。京张铁路（北京—张家口）关沟段被确定为全国重点文物保护单位的唯一铁路线路区段。所谓关沟，实际上是一段山间峡谷，这段峡谷由南口到八达岭呈东南至西北走向，长度为 16.5 千米。因在这段峡谷中有下关、居庸关、上关、八达岭、水关、岔道城等诸多驻军关口，所以该峡谷被称为关沟。京张铁路关沟段，是整个工程最为艰巨的一段。这段线路的主要建筑有：南口站、工程司处、詹天佑办公室、机器总管处、养路工程司住宅、南口旅馆、货仓、警务处、监工处、采石场、东园站、居庸关站、居庸关隧道、三堡站（1941 年重建）、石佛寺隧道（已废弃）、青龙桥站、33‰ 坡度的“之”字形线路、八达岭隧道等。由于关沟段沿线有许多铁路历史建筑，而被有关部门认定是一条有重要意义的铁路线路，最终被国务院核定公布为全国重点文物保护单位。

京张铁路是中国人靠独立自主精神，自行设计、建造的一条干线铁路，铁路修建期间，没有使用外国的资金和人员，建成后在国内外产生很大影响。如果这条铁路申遗，则不需要跨国合作，完全由中国单独提出。在国内首先让该铁路进入申遗预备名单，完成国内申遗的各项程序，把各阶段准备工作做足、做好。

⊙ 建成初期的京张铁路康庄车站

⊙ 京张铁路康庄车库建筑群

⊙ 京张铁路三堡站

全国重点文物保护单位中的铁路不可移动遗产

序号	铁路名称	起始站	沿线已成国保单位的铁路不可移动遗产名称	确定为国保单位的时间
1	京奉（北宁）铁路	北京—奉天（沈阳）	辽宁总站、新开河站	2013、2018
2	津浦铁路	天津—浦口	天津西站、淮河铁桥、泺口黄河大桥、浦口站	2013、2018
3	京汉铁路	北京—汉口	大智门站	2001
4	张绥铁路	张家口—绥远	白塔站	2018
5	浙赣铁路	杭州—南昌	钱塘江大桥	2006
6	胶济铁路	青岛—济南	济南车站建筑群	2013
7	陇海铁路	兰州—连云港	兴隆庄站	2018
8	广九铁路	广州—香港九龙	石龙南桥	2013
9	个碧石铁路	个旧—碧色寨—石屏	鸡街站	2006
10	沈（奉）海铁路	奉天—海龙	沈阳东站	2013
11	沈吉铁路	沈阳—吉林	吉林西站	2013

上表中这些历史悠久的铁路沿线，仍保留着一些不可移动铁路遗产，大部分是站房和桥梁。中东铁路、滇越铁路、京张铁路在本章中有介绍，所以上表中未列入。目前，仅有京张铁路关沟段是全国重点文物保护单位。表中所列中国铁路不可移动遗产都是经国务院审核公布的全国重点文物保护单位。需要说明的是，经国务院核定公布的国保单位，并不意味着就能成为世界遗产，二者并不等同。因为申遗过程有一系列严格、复杂、漫长的程序。申报的遗产先要进入申遗国的遗产后备名单，提交后再经过国际咨询机构的严格审核评估，包括对申遗材料的文字审查、对遗产地的实地考察、然后提出咨询意见，最后还要经世遗委员会讨论来决定能否成为世界遗产。

如果中国某条铁路计划申遗，一定要强调该铁路所采用的选线理念和建造技术，并强调与此前出现的其他铁路选址与建造工程已得到采用的工程技术有什么区别。在涉及申遗铁路沿线车站、桥梁的建造技术和工程施工对国家经济、人民生活等方面的影响时，一定要提供足够的证据材料，来证明修建该铁路所使用的技术与其他铁路建造时使用的技术差别。还应着重强调与该铁路有着相似长度和国际影响力的案例来进行比较分析。这样才能说服遗产咨询评估机构，如果对此解释不清，就会受到咨询机构的质疑。

从国家文物局更新公布的《中国世界文化遗产预备名单》看，文化线路遗产有丝绸之路中国段、四川省的蜀道（金牛道广元段）、涉及8省区的万里茶道、闽赣古驿道分水关段、北京中轴线等，但并未看到铁路项目。

第四节　世界遗产的申报与入选

凡提名列入《世界遗产名录》的文化遗产，要符合下列一项或几项评选标准才能获准。

（1）代表一种独特的艺术成就，一种创造性的天才杰作；

（2）能在一定时期内或世界某一文化区域内，对建筑艺术、纪念物艺术、城镇规划或景观设计方面的发展产生过重大影响；

（3）能为一种已消逝的文明或文化传统提供一种独特的至少是特殊的见证；

（4）可作为一种建筑或建筑群或景观的杰出范例，展示出人类历史上一个（或几个）重要阶段；

（5）可作为传统的人类居住地或使用地的杰出范例，代表一种（或几种）文化，尤其在不可逆转之变化的影响下变得易于损坏；

（6）与具特殊普遍意义的事件或现行传统或思想或信仰或文学艺术作品有直接或实质的联系。（只有在某些特殊情况下或该项标准与其他标准一起作用时，此款才能成为列入《世界遗产名录》的理由。）

作为工业遗产重要组成部分的铁路遗产的申报，只涉及文化遗产和文化景观。

申报世界遗产中的文化遗产和文化景观的基本条件：

一、申报文化遗产，要根据《世遗公约》规定，凡属下列内容之一的，可列为文化遗产：

（1）文物，从历史、艺术或科学角度看，具有突出、普遍价值的建筑物、雕刻和绘画，具有考古意义的成分或结构，铭文、洞穴、住区及各类文物的综合体；

（2）建筑群，从历史、艺术或科学角度看，因其建筑的形式、同一性及其在景观中的地位，具有突出、普遍价值的单独或相互联系的建筑群；

（3）遗址，从历史、美学、人种学或人类学角度看，具有突出、普遍价值的人造工程或人与自然的共同杰作以及考古遗址地带。

二、申报文化景观，需符合以下条件中的一项或几项，可列为文化景观遗产：

（1）人类有意设计和建筑的景观。含出于美学原因建造的园林和公园景观，它们经常（但并不总是）与宗教或其他纪念性建筑物或建筑群有联系。

（2）有机进化的景观。它产生于最初始的一种社会、经济、行政以及宗教需要，并通过与周围自然环境的相联系或相适应而发展到当前的形势。

（3）关联性文化景观。以与自然因素、强烈的宗教色彩、艺术或文化相关联为特征，而不以文化物证为特征。

任何缔约国的文化遗产从申报到获得批准，要经历若干程序，先要完成国内的相关程序，然后是世遗委员会的有关程序，因此，申遗是一个严谨、复杂、漫长的过程。

缔约国如要申报世界遗产，应进行 9 个步骤：

（1）首先要签署《世遗公约》并致力于保护本国的文化和自然遗产。

（2）要把本国具有突出普遍价值的文化和自然遗产列出一个预备名单。

（3）从预备名单中筛选出要申遗的项目。

（4）把提名项目的表格提交世界遗产中心。

（5）世界遗产中心审查提名是否完全，并交由国际古迹遗址理事会和世界自然保护联盟等咨询机构评审。

（6）咨询机构的专家前往遗产所在地现场评估遗产保护管理状况。然后咨询机构按文化或自然遗产的标准，对提名项目进行评审。

（7）咨询机构写出对申遗项目的评估报告。

（8）世遗委员会主席团审查咨询机构的评估报告，并向世遗委员会提出推荐名单。

（9）最终由世遗委员会决定申遗项目是入选、推迟或淘汰。

世遗委员会每年按照统一格式，把缔约国认为条件已成熟的预备名单及正式申遗文本（文字、图纸、幻灯、照片、录像或光盘等）提交世界遗产中心。该中心会把这些材料转送专业咨询机构，由咨询机构考察和论证，然后向世遗委员会提交评估报告。世遗委员会每年的 6 月底至 7 月初召开主席团会议，进行初步审议。然后对申遗项目提出有关建议。并把包括审定新的世界遗产申报项目在内的相关事项，提交世遗委员会全体会议。

每年初，世遗委员会秘书处会把在上一年 12 月会议上的全部决定送交所有提交申遗报告的缔约国。至此，这一轮遗产申报程序才算完成。也就是说，申报一项新的世界遗产，如果不考虑在缔约国国内履行的程序和第一阶段预审程序的时间，仅在世遗委员会的审核时间至少需要一年半左右的时间。

各缔约国向世遗委员会申报的遗产，要符合第44届世遗大会最新修订的《实施保护世界遗产公约的操作指南》（下称《操作指南》）的相关规定，遗产所在国先要经过预审程序，并要求预审程序必须在正式提出遗产申报前一年完成。《操作指南》指出预审程序仅是对缔约国申报的书面材料做评估，但缔约国可以补充材料，以便最终对遗产是否具有潜在突出普遍价值进行判断，但判断的结果并不影响遗产项目是否能够被正式向世界遗产委员会提名。缔约国申报的文化或自然遗产必须具备全球突出普遍价值。为此，《操作指南》给出了若干标准，“文化遗产”主要是具有艺术价值、建筑成就、文化传承等。“自然遗产”主要是具有自然和生物多样性、自然景色等。各缔约国申报的遗产项目符合其中任何一项标准，才有可能成为世界遗产。

第七章

工业遗产在第 44 届世遗大会上的收获

第 44 届世遗大会共新增 34 项世界遗产。其中，文化遗产 29 项，自然遗产 5 项，按照地区分布，亚太 9 项，欧洲 17 项，非洲 2 项，阿拉伯国家 2 项，南美及加勒比 4 项。这届世遗大会，工业遗产可谓收获颇丰，共有 5 项工业遗产被确认为世界遗产。除了前面已解读的伊朗纵贯铁路外，还有法国的科尔杜昂灯塔、英国威尔士的板岩景观、罗马尼亚的罗西亚蒙大拿矿业景观以及以扩展项目列入世界遗产的荷兰洪水防线。

第一节　法国最后一座有人值守的科尔杜昂灯塔

这座灯塔位于法国吉伦特河注入大西洋的入海口中央，距离海岸线约 7 千米。灯塔建在一礁石平台上，灯塔高 67.5 米，它区分了南北两条航道，是从波尔多出海的必经之路。现存的灯塔从 16 世纪末亨利三世统治时期开工，由工程师德福瓦主持，1611 年亨利四世时期竣工。亨利四世在灯塔内设置了御用宫室和礼拜堂，赋予灯塔强烈的政治意义。

灯塔共分六层，第一层的装饰最为豪华，设有精美的壁炉，用从比利时进口的黑色大理石铺设地面，壁柱则精心点缀着法国路易十四夫妇的姓名字母组合。灯塔以白色的石灰岩为建筑材料建成的，并用砖块进行了装饰。而后，这座灯塔在 18 世纪由工程师约瑟夫·特莱尔进行了改造。灯塔建筑形式的灵感来自古典建筑风格、文艺复兴时期风格及波旁王朝的独特建筑灵感。

⊙ 科尔杜昂灯塔

⊙ 科尔杜昂灯塔近景

这座白色的灯塔经历了 400 年的风吹雨打，是法国最后一座有人值守的灯塔，被誉为“灯塔之王”。18 世纪末曾对灯塔做了升级改造，适当加高了塔身，更换了照明设备，尤其是 1823 年由法国物理学家奥古斯丁·让·菲涅尔发明的第一块透镜应用在科尔杜昂灯塔上，大幅提高了灯塔光束的照射范围，反映出这一时期科学技术的进步。塔身装饰有壁柱、立柱托饰、滴水嘴等，体现了灯塔建造技术史上的伟大进步。在灯塔作为领土标志和导航工具的大航海时期，它堪称海事通信领域的杰作。2016 年，因得到法国政府支持和 13 000 多名当地人签署的请愿书，该灯塔开始进行申遗。2019 年法国耗资 200 万欧元，对灯塔进行了整修。2021 年 7 月科尔杜昂灯塔申遗成功，成为继西班牙大力神灯塔之后被列入《世界遗产名录》的第二座著名灯塔。灯塔申遗成功后，法国海洋部长吉拉丹表示，在它为成千上万水手及船只指引方向后，这座灯塔继续象征着法兰西的智慧，并在法国国家海洋遗产中占有特殊的地位。

⊙ 灯塔内的小教堂简洁精致

⊙ 停在灯塔旁的小船

⊙ 灯塔塔身上的窗户

第二节　英国威尔士板岩矿开采与社会的关联

第 44 届世遗大会，英国威尔士西北部的板岩景观被批准作为文化景观遗产列入《世界遗产名录》。该遗产地从山顶延伸至海滨展示了工业化的板岩采石和采矿给斯诺登山脉和谷地的传统乡村环境带来的转变。在工业革命期间，这些工业进程将农业景观重塑为板岩生产的工业中心。从 18 世纪 80 年代到 20 世纪初期，威尔士板岩采石场开采出的板岩被大量送往英国各地以及欧洲、北美和澳大利亚的城镇，该遗产地不仅在板岩出口贸易中具有重要国际意义，也在技术和熟练工人的流动中占有重要地位。该遗产地由六部分组成，包括采石场和板岩矿脉遗迹、与板岩加工有关的考古遗址、历史定居点、历史花园和乡村大宅、港口和码头以及铁路和公路系统，诠释了板岩工业景观的功能和社会联系，是材料、技术和人类价值观互通的杰出范例。

⊙ 在山坡上生成的板岩矿脉非常壮观

⊙ 远眺山坡上大面积的板岩矿脉和周边矿场的建筑

板岩景观申遗成功后，威尔士首席部长马克·德雷克福德说："今天的公告承认了北威尔士这一部分板岩不仅对威尔士，而且对更广泛的世界文化和工业遗产做出的重大贡献。威尔士板岩材料遍布世界各地，板岩的开采在格温内德留下了独特的遗产，社区为此感到自豪。联合国教科文组织今天对这一遗产的认可，将有助于为子孙后代保留这些社区的遗产和历史，并帮助其实现未来的复兴。"威尔士板岩采石场是威尔士最古老的采石场之一，可以追溯到公元16世纪初。1810年，这里开始使用马匹拉运开采出的石料。1879年，原有的有轨电车换成蒸汽机车并修建了被称为"板岩列车"的科里斯矿区铁路以运送开采出的板岩。尽管现在仍有一些板岩开采工作在进行，但大规模的开采在2002年就已停止。从采石场开采出的板岩是一种优质的建筑板材，主要用于铺设地板、墙面。这里的山谷两侧都有丰富的板岩矿脉，在山谷北侧和南侧设有三个板岩开采场。早期的开放式开采工作是在山坡最高处进行的，后来又到较低的地方开采，现在已转至山谷底部进行开采。它庞大的板岩采石场的石料不仅展现了当地的乡村美景，而且还展现了英国和世界各地的许多建筑奇观。这是在成为世界遗产地的道路上的一个重要的里程碑。

⊙ 从开采场运送板岩的小车

⊙ 板岩矿区的开采场遗址

⊙ 采矿场附近用板岩搭建的小屋

⊙ 开采后堆放在一起的板岩

⊙ 经切割加工后成几何形状的板岩

⊙ 威尔士板岩矿区的巷道

⊙ 用板岩垒砌的围墙

第三节　罗马尼亚罗西亚蒙大拿金矿遗产给后人的启示

罗西亚蒙大拿矿业景观是一处金矿遗产景观，虽然在第 44 届世遗大会上被确认为世界遗产并列入《世界遗产名录》，同时也被列入《濒危世界遗产名录》，成为本届世遗大会唯一被列入《濒危世界遗产名录》的遗产地，是目前已知最大、最重要的地下金矿开采遗址。

⊙ 罗西亚蒙大拿矿业景观中的露天采矿场

这处矿业景观位于罗马尼亚西部特兰西瓦尼亚地区的阿普塞尼山脉，这里有欧洲规模最大、最重要、技术最多样化的金矿，并保留有罗马尼亚地下金矿开采遗址。作为阿尔伯努斯·麦欧尔旧矿，罗西亚蒙大拿是罗马帝国时期大量开采黄金活动的所在地。自公元 106 年开始后的 160 多年里，罗马人从这里开采了约 500 吨黄金，并为此开发了高技术的各类工事，各类矿道总长达 7 千米，还为开采高品质金矿而在 4 个地下区域建造了水车。这一遗产地展示了外来的罗马采矿技术与本土技术的融合。从中世纪到现代，罗西亚蒙大拿的开采工作仍在继续，但规模较小。这些遗址群位于农牧业景观中，很大程度反映了 18~20 世纪初支撑矿区的社区机构。

采矿活动在罗西亚蒙大拿州持续了约两千年。由于原来不受监管的采矿活动，给罗西亚蒙大拿州留下的是严重污染的环境。包括遗弃并十分危险的露天矿坑、严重污染的河流。如若没有足够的保护，这一壮观的文化遗产将会遭受永久性损失。

罗西亚蒙大拿州黄金公司通过其在罗马尼亚的子公司提出，在罗西亚蒙大拿加布里埃尔的现代化矿井可以进行遗产修复并解决环境问题，还可利用当地喀斯特溶洞等资源，把它打造成一个欧洲乃至世界的理想旅游区。他们计划在开采活动的生命周期内开始发展旅游业，从修复罗马画廊和其他文物古迹开始，到净化煤矿内部和周围的水资源，一旦矿业开采作业停止，经修复的景观可长期作为旅游资源利用。

由于政府认识到现代矿业开采（而不是等资源枯竭并废弃后）可能会成为一个旅游景点，并可当作科普教育场所供人们参观（如大学生学习采矿学、经济学、规划学等专业）的主要景点。矿山开采会对国家创造直接或间接的效益，把大规模的矿山开采业务进行分拆和有所取舍，以方便对来此处游客的服务和旅游设施的必要维护。

⊙ 早期罗西亚蒙大拿矿区的小屋

罗西亚蒙大拿州黄金公司已投资约 1 500 万美元对一系列围绕罗西亚蒙大拿州的文化遗产等方面进行独立研究，如古遗迹、城市环境、景观和它的文化传统等。该公司还资助了古罗马地下遗迹的保护规划和地面建筑的恢复修建。例如把一个废弃的城镇大厅整修成为社区的一座新酒店。另花费 7 000 万美元用于维护和确保这些临近地区遗产的安全。其他地区的遗产保护项目也可以此为鉴。

该地区虽有许多遗址遗产，但大多处在略显破败的环境中，甚至某些情况下人们无法进入。只有采取补救措施并确保其生存和发展后，才能成为矿业景观和旅游业相结合的范例。

⊙ 罗西亚蒙大拿矿业景观内深深的巷道

⊙ 罗西亚蒙大拿矿业景观内的居住小屋

第四节　荷兰防洪体系的构成令人钦佩

由于荷兰王国有四分之一的土地低于海平面，容易遭受海水侵袭而造成洪灾。为保护荷兰土地和人民，在沿海周围以原来由水量控制原则建成的 45 座碉堡防御工事基础上逐步建起防洪体系，来抵御洪水对土地和房屋的侵害。该体系被称为世上令人印象深刻的构筑物之一。

戈林赫姆镇的防御工事荷兰洪水防线代表了沿荷兰政治、经济中心区域延伸 200 千米的洪水防御体系。该体系建于 1815 年至 1940 年，整个防洪体系由 96 个堡垒、堤坝、水闸、泵站、运河防洪堤组成，允许洪水在可控范围内淹没一部分土地来保护整个荷兰的安全。它的发展得益于 16 世纪以来荷兰所掌握和应用的、以防御为目的的水利工程知识与技术，沿着洪水防御工事的每个圩区，都有自己的泄洪设施。实践证明，这些技术含量较高的设施以及所发挥的防洪作用的确令人钦佩。该遗产地的一部分——阿姆斯特丹防线，已在 1996 年召开的第 20 届世遗大会上根据遗产评价第（Ⅱ）（Ⅳ）（Ⅴ）项标准，确认为世界遗产并列入《世界遗产名录》。2017 年，缔约国提出小幅边界修订，但未被世遗委员会通过。2020 年，缔约国提出对该遗产进行扩展的同时进行边界修订，并改名为荷兰洪水防线。最终，在第 44 届世遗大会上，基于少数服从多数的原则，在多数委员国的支持下，荷兰洪水防线重大边界修订得以通过。

⊙ 俯瞰荷兰洪水防线全貌

⊙ 因发生洪水造成荷兰的土地和房屋被淹

⊙ 荷兰洪水防线的防洪堤坝

第五节 作为工业遗产的伊朗纵贯铁路

前面章节对纵贯铁路已有详细解读，此处仅从工业遗产价值角度，对该铁路再做简单介绍。纵贯铁路又称跨伊朗铁路，它的起始点是位于伊朗南部波斯湾的霍梅尼港，途经阿瓦士、库姆、德黑兰，抵达伊朗北部里海旁的托尔卡曼港，全长 1 394 千米。这条铁路申遗成功后，就成为伊朗第 25 个世界遗产，也是一条最新的世界遗产铁路。截至 2021 年 7 月，伊朗共有 25 处世界遗产，包含 23 处文化遗产和 2 处自然遗产。纵贯铁路展现出的工业遗产价值至少包括基本的历史和科学价值以及文化与技术价值，尤其体现了人类征服自然、改造自然的创造力的科技价值。铁路沿线多见体现设计者和建设者艺术灵感与独具匠心的各式桥梁、隧道等工程杰作。

纵贯铁路上的隧道和桥梁总长度可达一百多公里，这在当时面临着地形复杂、道路不通、缺少机器设备和基本的基础设施等巨大挑战的情况下不能不说是一个工程上的壮举。其中较有代表性的是建造于韦雷斯克和塞卡塔拉等地周围人迹罕至的沙漠或山区中的高度与跨度不等的若干座铁路桥，在技术设备短缺的条件下克服各种障碍，成为伊朗国内首次运用现代技术和工程计算并运用钢铁和混凝土材料架设桥梁的实践。

几十年来铁路在其沿线村镇社会组织形态发展和演变过程中发挥了重要作用，由此又推动铁路辐射范围内现代工业的形成。国家铁路计划的执行和实现是伊朗发展现代工业所需的基础设施建设的组成部分，在此过程中，大量工厂以及火车站、医院、教堂、道路、桥梁建成，成为伊朗工业史上的一座座里程碑，也形成一道独特的文化——工业风景线。

第八章

遗产大国意大利在第 44 届大会上获批的项目

说意大利是遗产大国，是因为在 2021 年 7 月第 44 届世遗大会后，意大利以拥有 58 项世界遗产而名列第一，因此说意大利是遗产大国一点儿不为过。意大利向第 44 届世遗大会提交的申遗项目有，该国单独申报的帕多瓦 14 世纪壁画群和博洛尼亚的拱廊两项遗产；意大利与其他国家联合申报的有欧洲温泉疗养城镇和喀尔巴阡山脉及欧洲其他地区的原始山毛榉林。

第一节　精美绝伦的帕多瓦 14 世纪壁画群

帕多瓦是意大利威尼托大区中的一座历史悠久的古老小城，是帕多瓦省的首府，也是经济和交通要冲、农产品集散地、商业与工业中心。帕多瓦壁画遗产群由 8 个分布在帕多瓦老城区内的宗教和世俗建筑群构成，建筑历史可以追溯到 1302 年至 1397 年，多位中世纪著名的艺术家在不同功能的建筑内创作了大量壁画，它们在风格和内容上保持了统一性。其中，有被称为意大利文艺复兴时期绘画艺术的开创者和欧洲绘画之父的乔托・迪・邦多纳在斯克洛维尼礼拜堂绘制的壁画，被认为是壁画史上革命性发展的开端；有第一个成功将佛罗伦萨晚期哥特式建筑和拜占庭风格建筑相结合的艺术家瓜里恩托・达尔珀的创作；有以色彩鲜艳绘画著称的朱斯托以及梅纳布翁伊等在内的多位艺术家创作的大量壁画。这些壁画共同展现了 14 世纪壁画艺术是如何随着新的创作动力和对空间表现的理解而发展的。尤其是乔托帕多瓦大教堂洗礼堂的穹顶、西壁、北壁，就保留着绘画大师朱斯托德・梅纳布翁伊在 1378 年创作的绘画，但时间上比乔托的绘画晚了 70 年左右。正是因为拥有这些绘画大师们的壁画作品，帕多瓦被称为意大利绘画之都。

另外，这里的阿雷纳礼拜堂、埃雷米塔尼教堂、法理宫、卡拉睿哲王宫礼拜堂、主教堂洗礼堂、圣安东尼大教堂、圣乔治祈祷堂、圣米歇尔祈祷堂等建筑不仅建筑造型精美，而且建筑里的穹顶、墙壁、祭坛都有这些艺术家所绘壁画。这里的壁画不仅数量多，而且品相保存得相当完好。绘画艺术家们把壁画分为上中下三层安排，充分利用了教堂或礼拜堂内部的空间，让人置身于精美绘画的无尽艺术氛围之中。

教堂或礼拜堂为保护里面的壁画，正门常年关闭，以防止风沙、尘土进入。为保持里面适当的温湿度，建筑后面设有小通道，通道入口处设有除尘和调节温湿度的玻璃房，该房间不仅可以调节温湿度还能吸附人们身上的灰尘，做完这些预防措施后，才能进入教堂或礼拜堂参观。这里每年吸引众多的旅游者和绘画艺术家来参观和学习，给帕多瓦带来可观的收益。

⊙ 帕多瓦拉乔内宫内描绘星座的壁画

⊙ 帕多瓦壁画之一

⊙ 斯克罗维尼礼拜堂

⊙ 帕多瓦壁画之一《犹大之吻》

⊙ 帕多瓦大教堂洗礼堂外观

⊙ 乔托所绘壁画《三王来拜》

⊙ 乔托所绘壁画《金门相会》

⊙ 帕多瓦教堂中的壁画

⊙ “二战”时被轰炸的埃雷米塔尼教堂

⊙ 经修复后的埃雷米塔尼教堂

⊙ 斯克罗维尼礼拜堂内的壁画

⊙ 礼拜堂中墙壁及门旁的壁画

⊙ 教堂建筑穹顶上的壁画

⊙ 斯克罗维尼礼拜堂内的壁画《最后的审判》

⊙ 斯克罗维尼礼拜堂内的壁画

第二节 极具艺术感的博洛尼亚拱廊

博洛尼亚被称为拱廊之都，这座城市位于意大利北部，波河与亚平宁山脉之间的平原上，始建于公元5世纪。农业是博洛尼亚最重要的经济来源，工业则是它的经济支柱。博洛尼亚现在是意大利艾米利亚—罗马纳大区的首府，这个大区是意大利最发达的大区之一，是亚平宁地区著名的美食天堂，也是意大利的一座历史文化名城和最古老的城市之一。

在第44届世界遗产大会上，意大利博洛尼亚的拱廊被联合国教科文组织世界遗产委员会批准作为文化遗产列入《世界遗产名录》。该遗产地由博洛尼亚的12处拱廊及周边建筑组成，这些拱廊有的以木材建造，有的以砖石砌成，有的以钢筋混凝土浇筑。在博洛尼亚拱廊被视为服务公共大众的财产，已成为博洛尼亚城市身份的一种要素和表现形式。在20世纪，水泥的使用使得传统的拱形廊被新型建筑材料所取代，一种新的拱廊建筑语言应运而生，巴尔卡街区即是例证。这些入选的拱廊代表着不同的类型、城市和社会功能以及时间阶段。

博洛尼亚市是众多建筑遵循相同设计理念的典范。这座城市的拱廊可以起到为行人提供遮挡风雨的保护作用。当一个拱廊横跨整个人行道时，它创造了最经

⊙ 街道两侧的拱廊

⊙ 俯瞰博洛尼亚圣卢卡柱廊长长的廊道

典的城市临街空间形式，这种情况减少了街道两侧建筑之间的距离，创造了最大封闭空间。随柱廊空间而来的地上的光影创造了一种有节奏韵律的步行体验，有助于减少通行距离的感知。拱廊柱子和柱头也丰富多彩，有圆形、方形，多边形的。柱子之间间隔 1.8~7.3 米。在博洛尼亚古城中心，拱廊沿着街道缓缓拐过街角向远处延伸，优雅美观的拱廊连接起来总共有 38 千米长。其中，最著名的圣卢卡柱廊长 3.5 千米，有 666 个拱，是世界上最长的拱廊。

博洛尼亚的拱廊是城市中心的特征并是博洛尼亚独特的标志，也是可持续的城市生活方式的象征，同时还是几个世纪以来始终如一的建筑和社会的范式。遍布城市大街小巷各具特色的拱廊让人拍案叫绝，它是公共空间与私人空间的完美结合，每一处拱廊都是精美的艺术品。

⊙ 拱廊里精美的石柱和顶灯

⊙ 非常具有艺术感的拱廊立柱

⊙ 城市街头的拱廊

⊙ 城市街道旁的拱廊

⊙ 绵延到远处的圣卢卡柱廊

⊙ 拱廊的圆形立柱

⊙ 街边的拱廊

⊙ 拱廊内看到的具有纵深感的长长廊道

⊙ 街边拱廊旁的小广场

⊙ 街道拐角处的拱廊

⊙ 街边拱廊前的小广场

第三节　温馨舒适的欧洲温泉疗养城镇

欧洲温泉疗养城镇是一个跨国境的遗产地。由奥地利、比利时、捷克、法国、德国、意大利、英国联合申报，在第44届遗产大会上被批准作为文化遗产列入《世界遗产名录》。

该跨境遗产包含7个国家的11座城镇，它们是奥地利的巴登，比利时的斯帕，捷克的弗朗齐谢克、卡罗维发利和玛丽安斯凯，法国的维希，德国的巴特埃姆斯、巴登—巴登和巴特基辛根，意大利的蒙泰卡蒂尼泰尔梅，英国的巴斯。

⊙ 欧洲温泉疗养城镇

⊙ 德国巴登—巴登温泉疗养胜地的温泉池

⊙ 意大利蒙特卡蒂尼泰尔梅温泉疗养胜地

⊙ 比利时斯帕的温泉

⊙ 奥地利巴登贝维恩温泉

这个由多国组成的团体提出的申遗项目，突出了欧洲独特的水疗文化及建筑的重要性和价值。所有小镇因天然矿物质水源而有所发展，见证了18世纪初至20世纪30年代欧洲温泉疗养的热潮，并催生一批大型国际化温泉度假村、疗养院。同时，温泉疗养馆、温泉大厅（用于水疗的房屋）、水泵房、饮水厅、柱廊和地道等多元温泉建筑群，也影响了温泉城镇的空间布局及配套基础设施的建设。这些都融入了温泉市镇的整体格局，造就了一个个在如画的景观中精心管理的休闲和治疗环境。联合国教科文组织评价这些疗养胜地展示了人类价值观与医学、养生学、浴疗学发展的重要交流。

第四节　郁郁葱葱的原始山毛榉林

欧洲的山毛榉林中因树龄、种类的多样性和树木尺寸高大、范围广阔而具有突出价值，同时也具有在植物学上的研究价值。自从上一次冰河时代之后，欧洲山毛榉林重建了复杂的生态系统并不断演化，从阿尔卑斯山脉、喀尔巴阡山脉、迪纳雷德山脉、地中海和比利牛斯山脉的几个孤立区域蔓延开来，自山毛榉林的发源地欧洲东部和南部一直向北向西扩张，是欧洲地区生态复原力和演化以及地质历史的有力证明。

2007年，分布在斯洛伐克和乌克兰的山毛榉林作为世界自然遗产被列入《世界遗产名录》，遗产名为“喀尔巴阡山脉原始山毛榉林”。喀尔巴阡山脉是欧洲中部山系的东段，绵延约1 500千米，穿过捷克、斯洛伐克、波兰、乌克兰和罗马尼亚等国。喀尔巴阡山脉起自斯洛伐克布拉迪斯拉发附近的多瑙河，向东南延伸成一个巨大的半圆形，止于罗马尼亚奥索瓦附近的多瑙河，全长超过1 500千米，宽从12到500千米不等。塔特拉山脉的最高峰是海拔2 655米的格尔拉赫峰，位于斯洛伐克境内。整个山系面积19万平方千米，是仅次于阿尔卑斯山脉的欧洲第二大山系。在此山系里，生长着大片的山毛榉原始林。

2011年，在第35届世遗大会上，对“喀尔巴阡山脉原始山毛榉林”世界自然遗产进行了第一次遗产增扩，将德国古山毛榉林并入该遗产合并为“喀尔巴阡山原始山毛榉林和德国古山毛榉林”。山毛榉林遗产地新增加部分包括五片森林，共占地43.91平方千米。该世界自然遗产属于斯洛伐克、乌克兰、德国三国共有。

2017年，在第41届世遗大会上，对原“欧洲其他地区的山毛榉林”这一自然遗产进行了第二次增扩。增扩后的名称是“喀尔巴阡山脉和欧洲其他地区的山毛榉林”。由德国、斯洛伐克、乌克兰、阿尔巴尼亚、奥地利、比利时、保加利亚、克罗地亚、意大利、罗马尼亚、斯洛文尼亚、西班牙12个国家共同享有。

世遗委员会对该山毛榉林的评价是，德国古山毛榉林为展示进行中的冰河后期陆地生态系统的生物与生态进化过程提供了范例，并成为人们了解山毛榉树种在北半球多种环境下，繁殖、生长、扩散情况的一个必不可少的环节。

喀尔巴阡山脉的山毛榉原始林是全球重要的珍稀森林，也是欧洲分布面积最大的原始林。这些山毛榉原始林跨越斯洛伐克和乌克兰两国边界，在绵延 185 千米的喀尔巴阡山脉中呈断断续续的多片分布，是未受人类干扰的温带森林的代表，展示了欧洲山毛榉林最全面的生态格局和演化过程。同时，这些山毛榉林还是冰河时代后，生态系统重建和演化的典型代表，这种重建与演化过程至今仍在继续。

⊙ 被大面积山毛榉林覆盖的山峰

⊙ 覆盖在山坡的大片山毛榉林

⊙ 生长中的山毛榉林

⊙ 长势良好的山毛榉林

⊙ 阳光透过山毛榉树茂密的枝叶

后记

本书以2021年7月在中国福建省福州市召开的第44届世界遗产大会为切入点，各章节内容梯次展开，书中谈到的世界遗产如同绚丽绽放的花朵令人频频驻足、流连忘返。这些世界遗产可谓历久弥新，彰显着它们永恒的生命力。截至2021年7月，全球的世界遗产数量已达1 154项，犹如1 154处文明的足迹，不仅丰富多彩，而且底蕴厚重，每一处文化或自然遗产，都是社会发展和自然演进的缩影，反映了人类历史的源远流长和人类文明的发展进步。

限于篇幅，本书中仅对我国在第44届世遗大会上申遗成功的福建“泉州：宋元中国的世界海洋商贸中心”的22处古迹遗址中的安平桥作了一些基本情况介绍，对其他古迹遗址未做解读。实际上这些古迹遗址都有许多脍炙人口的故事，待有机会再详细介绍给读者。

截至2021年，工业遗产在世界遗产中所占比例仍然偏少，且欧洲国家的工业遗产占比较多。为此，亚太地区国家、拉美及加勒比地区国家要继续发掘和申报。本书侧重解读了新增的法国科尔杜昂灯塔、威尔士西北部板岩矿、罗马尼亚罗西亚蒙大拿矿业景观、荷兰洪水防线、伊朗纵贯铁路等工业遗产。除了用文字介绍世界文化与自然遗产外，书中还附有丰富精美的全新世界遗产和著名世界遗产铁路的照片，定会使读者大饱眼福。

铁路作为近代社会一种新型交通方式，不仅拉近了城市与城市、城市与乡村的距离，还使人们的旅行时间大为缩短，从根本上改变了人们出行的体验和生活方式。如果以1825年世界第一条投入商业运营的铁路作为铁路的肇始。那么它极大地影响了人类过去将近200年的历史进程。铁路的诞生直接促进了工业的发展和经济的增长。

高速铁路是交通运输现代化的重要标志，也是一个国家工业化水平的重要体现。中国高速铁路的发展进入快车道，发展速度之快、建设质量之高令世界惊叹。截至2021年底，中国铁路营业里程突破15万千米，其中高铁里程超过4

万千米。中国已建成世界上规模最大、运营里程最长、现代化水平最高的高速铁路网。时代在发展、社会在进步，铁路遗产同其他文化遗产一样，需要可持续发展。书中介绍的已成为世界遗产的铁路项目，虽是历史悠久、建造工程艰巨的著名铁路。但它们会随着社会的进步，悄然发生着改变，如铁路使用的牵引动力，已从过去的蒸汽机车过渡为内燃机车、电力机车牵引。这些铁路使用内燃、电力机车牵引后，虽然少了些历史的沧桑感和人们的怀旧感，但却提高了列车的行驶速度和旅客的舒适感，也减少了对铁路沿线及周边环境的污染。这些铁路遗产的悄然变化，或许是当年铁路或车站的设计者、建造者们预想不到的吧。

我写此书出于几点考虑，一是普及世界遗产知识；二是介绍全新世界遗产和著名世界遗产铁路；三是为今后我国铁路申遗提出建设性意见和建议。本书涉及文化遗产和自然遗产诸多方面，必须有足够的知识储备，才能深入浅出地把世界遗产写好、写精彩。幸好国内外文化遗产和自然遗产的文献和铁路遗产的资料比较充分，加之我对中外铁路遗产的长期研究和了解，写起来算是得心应手。读者读后会感到这是一部与以往不同的，介绍全新世界遗产和著名世界遗产铁路的图书。

参考文献

［1］黄松．世界遗产概览［M］．上海：同济大学出版社，2021.

［2］史晨暄．世界遗产四十年：文化遗产“突出普遍价值”评价标准的演变［M］．北京：科学出版社，2019.

［3］侯富儒．“一带一路”世界文化遗产与文明交流互鉴［M］．杭州：浙江工商大学出版社，2018.

［4］汪涛．中国世界文化遗产：探究与传播［M］．北京：经济日报出版社，2016.

［5］韩嫣薇，杨凡．世界遗产概论［M］．杭州：浙江工商大学出版社，2014.

［6］叶晗．世界遗产保护启示录［M］．杭州：浙江工商大学出版社，2013.

［7］吴铮争．国际文化遗产保护理念在中国的适用性研究［M］．北京：科学出版社，2013.

［8］林志宏．世界文化遗产与城市［M］．上海：同济大学出版社，2012.

［9］常秉义．世界文化与自然遗产［M］．北京：中国戏剧出版社，2010.

［10］许海杰，魏雯，戴楠．世界文化与自然遗产［M］．北京：西苑出版社，2010.